让自己变美好，周遭就会越来越美好

人生真相

丁丁 著

浙江人民出版社

图书在版编目（CIP）数据

人生真相 / 丁丁著. — 杭州 ：浙江人民出版社，
2023. 3

ISBN 978-7-213-11023-8

Ⅰ. ①人… Ⅱ. ①丁… Ⅲ. ①散文集-中国-当代
Ⅳ. ①I267

中国国家版本馆CIP数据核字(2023)第046922号

人生真相

丁 丁 著

出版发行：浙江人民出版社（杭州市体育场路347号 邮编 310006）
　　　　　市场部电话：(0571)85061682 85176516

责任编辑：王福群
营销编辑：陈雯怡 陈芊如 张紫懿
责任校对：杨 帆
责任印务：程 琳
封面设计：顾 页
电脑制版：杭州兴邦电子印务有限公司
印　　刷：浙江新华数码印务有限公司
开　　本：880毫米×1230毫米 1/32　　印　　张：6.75
字　　数：118千字　　插　　页：3
版　　次：2023年3月第1版　　印　　次：2023年3月第1次印刷
书　　号：ISBN 978-7-213-11023-8
定　　价：36.00元

目录

Contents

前言：挖出郁闷的根

爱的真相

010 爱谁都是爱自己

013 爱情的魔力

015 每一个女人，都是为爱而生的

019 性爱PK精神之爱

024 爱也可以是“有毒”的

029 成功女性的爱的寂寞

032 有多少爱可以重来

婚姻的真相

038 家是监狱?
042 家是“垃圾桶”
046 你真的会爱人吗?
049 女性的困境
054 男人更值得悲悯
059 什么样的男人才能给女人快乐
063 夫妻恩爱是“宠”出来的
066 婚姻是最考验人性的地方

幸福的真相

072 决定人生幸福的三驾马车：理性、情感、运气
076 苏格拉底的快乐
080 孤独与寂寞
085 没有存在感就没有幸福感
088 “只为自己活着”的刘安走了
092 人世间有不吃苦的吗?
095 每朵花都是“上帝”的宠儿
099 世界之最

成功的真相

102 生命的意义：活成一束光
107 生命的意义是自己赋予的
110 致敬！像樟树这样的人
113 科学家：国之栋梁
117 任正非：如履薄冰的战略家
122 曹德旺：心若菩提
128 刘强东：爱心溢满的企业家
134 董明珠：曹德旺的“商界知己”
139 俞敏洪：从知名总裁到直播带货
142 汪勇：一个快递小哥的高光人生
147 马斯克：当代诺亚？

人性的真相

154 走出伊甸园：人类为啥注定要痛苦
159 丛林法则与人之为人
162 了解人性的好处
166 人为什么需要朋友？

169 他人即地狱？
173 女人，不要对自己的美貌太过自信

灵性的真相

178 自由意味着责任
181 人生四个关键词的排序
183 当下即永恒
186 人很少没有精神疾患的
192 既然来了
——从叔本华说起
196 荣格亲历的超自然现象
199 心怀庄严
202 水，至柔也至坚
204 偶遇从远古走来的年轻人
207 人类究竟可以走多远？

后记：文字是能治病的

前言

Preface

挖出郁闷的根

为什么会写这样一本书？因为郁闷。

职业生涯中有郁闷。复杂的人际关系就像水面，平静的表面之下经常有一些暗流。为了适应环境，自我被压抑，个性得不到伸张，看似健康，其实积累了不少负面情绪。

个人生活中有郁闷。似乎比上不足，比下有余，但其实还是经常有烦恼。上有老，下有小，七大姑八大姨，一件事未了，另一件事接上了。对自己也从来没有满意过，经常感觉找不到生活的意义和价值。

我们身边有不少同学和朋友，有的普普通通，有的在政界和商界很成功，也有的从高位跌落，甚至命运多舛。生活层面上，离婚的、差点离婚的和没离婚但凑合过的也不少，生病的也很多。

放眼望去，不管是活得比较卑微的，还是别人看着很光鲜亮丽的，私下里，都有自己的坎坎坷坷，自己的郁闷，自己的烦恼和厌倦。

烦恼和厌倦，是人生如影随形的魔鬼。没有人不烦恼：为生老病死烦恼，为票子、房子、位子烦恼，为孩子的学业、工作和婚恋烦恼。

人的一生其实是与精神疾患如影随形的，精神疾病有轻有重：轻的时候可能只是有点忧郁；重的时候，可能会导致一些身体疾病，如高血压、高血脂、高血糖、心脏病，或者这里有结节，那里有肿块，要打针吃药，甚至需要住院治疗。这些疾病的产生虽然与饮食、作息等生活习惯有关，但更多的是关乎人的精神状态。

有厌倦心理，则是因为人的本性使然。日复一日的生活平淡如水，夫妻哪怕再恩爱，再适配，365天，天天在一起，也好像左手握右手，很少有新鲜感。假如压力特别大，或无所事事，或有心理落差，或健康变差，就容易把情绪垃圾向对方倾倒，因为没有其他地方可以倾倒啊，这自然会增加冲突和积怨。

人似乎很强大，其实也很脆弱，幸福感和存在感缺乏了，就像霜打的枝条，无精打采，不知何时黄叶落尽，枯萎干瘪。

郁闷，还因为各行各业都有曝光的一些很不道德的人和事，各种唯利是图、弄虚作假的行为，以及各种或隐或显的冷漠。

为什么会这样？人为什么会变成这样？

心里积存了很多问号，在夜深人静的时候，便喜欢追问各种真相：爱的真相、婚姻的真相、幸福的真相、人性的真相、生活的真相、成功的真相。于是苦苦思索，一本接一本地看书，想找到答案。

很喜欢当代印度名家萨古鲁的文章，受到很多人生的启迪。也看佛教的书，比如《心经》《金刚经》《五祖坛经》，还有相传春秋末老子著的道家经典《道德经》，慢慢知道很多烦恼是自找的，心绪也就渐渐平复下来。

也看了韦政通写的《中国思想史》，特有真知灼见。因为天下人生有很多共同点，所以想知道西方的哲人是怎么谈人生的，于是读罗素的《西方哲学史》，感觉像走进了哲学的圣殿，很荣幸地见到了（只能说见到，不敢说认识）柏拉图，见到了苏格拉底，见到了伊壁鸠鲁，也见到了斯宾诺莎、卢梭、康德、黑格尔、叔本华、尼采，等等，才知道世界上曾经有过那么多可敬可爱的人，那么多令人高山仰止的人。也才知道关于幸福和快乐，其实真的有很多不同的诠释。

阅读就是满世界找知音，这话说得一点没错。于是买来一些哲人的原著看，看着看着，自己的心灵似乎也渐渐变得澄澈了，或者说是原来就有的对真善美的向往得到了印证和支撑，慢慢变得坚定了，不再纠结了。

后来又对存在主义哲学家萨特、波伏娃很感兴趣，并由存在感问题接触了心理学，因为哲学就是要解决内心的困惑，包括厌倦和恐惧，这自然涉及心理学。

于是世界三大心理学家荣格、阿德勒、弗洛伊德的书零零星星地买来看了，对荣格的积极心理学和阿德勒的他者贡献说很是认同。

存在主义治疗法三大代表人物维克多·弗兰克尔、罗洛·梅和欧文·亚隆的书也买来看了，当世仅存的国际精神医学大师欧文·亚隆的自传《成为我自己》更是看得爱不释手，他晚年对自己童年记忆的坦率解剖和对人生经历的讲述读来让人备感亲切，深受教益。

心里慢慢豁亮起来，知道人的很多烦恼不可避免，人生的厌倦和恐惧也不可避免，但是我们可以通过努力，做出自主选择，活出自己的价值来。

阿德勒的他者贡献说，与马斯洛的高层次需求说，神奇地实现了完美的无缝链接，解开了人类幸福的密码：尽管人本性自私、利己，但是要以利他来实现利己；要满足私心，先要给他人提供福利，通过他人的欣赏和赞美来获得永久的快乐，通过自我价值的实现来获得生存的意义。物质带来的享受以及幸福都是暂时的，唯有精神的快乐才会持久常在。

孔子、老子、苏格拉底、阿德勒等中外哲人其实早就为我们指明了方向，只是我们的眼睛容易被现实蒙蔽，被眼前利益挡住视线。

牟宗三是现代新儒家的重要代表人物，也被誉为中国近现代最具原创性的哲学家。他在《中国哲学十九讲》中说，中国哲学的课题是关于生命的。一开始觉得难以理解，很难相信这是大名鼎鼎的哲学家说出来的。

牟宗三为啥会说中国文化开端在生命？他似乎把德行完全等同于生命。原来他认为：因为重视生命，珍爱自己的生命，所以重视德行。他说中国哲学的课题是关于生命，实际上是在说中国哲学的课题是关于德行的。

无独有偶，雅俗共赏的国学大师、被称为“中国式管理之父”的曾仕强，看起来有点老江湖味道，其实深谙东方智慧。他在讲课中说，所有的名利到最后都是一场空，只有一样东西会留下来，那就是你的仁义道德。曹操其实也知道自己走偏了，但是他停不下来。他可以控制别人，但控制不了他自己。

想想也对，追求任何东西都是有副作用的，只有修炼道德没有任何副作用和不良的副产品，最受人敬仰，所以人类历史上永远留名的是那些圣贤和先哲。

关于人生，年纪大了，越来越觉得，纯洁的爱情比满足荷尔蒙重要；好的婚姻、深厚的友谊比一见钟情重要；追求成功很重要，毕竟有追求总比躺平好，躺平谁不会呀？但如果没有节制和敬畏，则风险重重，甚至会走向反面。

人生到底怎样才是幸福的?

巴尔扎克说，幸福并不在金币挥霍的房屋底下。幸福一定是关乎心灵、关乎奉爱、关乎价值判断的，因为幸福是一种感觉，是精神性的，它与物质相关，但更与爱和尊重紧密相关。

“爱醒了，生命也就深了。”这个“爱”包括爱情、亲情和友情，对世界万物的爱，也包括自爱，但区别于狭隘的爱。

爱越宽广，生命就越有深度和厚度。没有爱，生命就是荒漠，鲜少活着的意义。爱和善或许不会让我们变得很富有，但会让我们的内心获得恒在的平和与快乐。

浩瀚宇宙中，宜居地球的形成和生命的出现是一个十分罕见的奇迹，人类的诞生更是一个空前绝后的奇迹。我们每一个人有幸降生到天堂般美丽的地球，有几十年甚至百年的时间欣赏宇宙演化的美妙，一定不要辜负了自然界这神奇的安排。让我们尽可能开心地活着，有意义地活着，心存感恩地活着。

让我们有空的时候经常抬起头看看蓝天白云，看看五彩的朝霞和晚霞，看看浩渺的星空，敬畏天地间所有的生命，感恩人间彼此的关爱以及由此带来的幸福与安宁。

爱的真相

The truth of love

爱情很醉人，是人生中的甜点，但往往带有不很理性的成分，很理性就不是纯粹的爱情了。

都说深爱很美好，但也更容易伤人。

博爱一些，在爱情中保留一些纯真，也保持一点清醒和进退的理性，毕竟所有特别美好的事物都是夹杂着遗憾的。

爱谁都是爱自己

任何爱情，其实都是对自己的爱。因为我们都希望对方能够爱自己，包括爱自己的灵魂。

爱灵魂，才有深爱。如果只是爱对方的外表和身体，那只是动物性的、生物学意义上的。

人类的爱跟动物的爱是不一样的，深刻的爱情，总是经过一定的接触和考验后得到的。

那如何理解一见钟情?

一见钟情主要是被对方的外貌体态甚至服饰所吸引，往往一见面就有一种被吸引的感觉，看着很舒服或者很想了解对方，不由自主地想靠近对方。但要产生情愫，必然是要在与对方的接触中，在对方的举止言行中，知道他或她是一个什么样的人。包括对同样一件事，他或她是如何看待和处理的，如果总能想到一起去，或者总能彼此欣赏和认同，就会产生进一步的好感，甚至越来越投缘。

所以，**说到底，爱谁都是爱自己，爱自己的喜好，爱自己的价值判断，爱自己对世界的看法，爱自己对各种事物的观照和人生态度**。比如都很善良和内敛，或都有拼搏精神和积极向上的生活态度，都比较宽容、慷慨，等等。

也有爱自己所没有的，比如自己很内向，偏偏喜欢很外向的人；一个人自己不太大气，就很欣赏大方慷慨的人。这应该是一种互补，说到底也是希望对方能对自己有所助益，能让自己开心。

只爱外在总是肤浅的，也容易有审美疲劳。因为没到灵魂的层面，跟自己的灵魂没有建立关联和沟通。只是喜欢，是主观对客观的喜欢，正如人之对于花草、山水一样，是居高临下的、浅层次的。

“我见青山多妩媚，料青山见我亦如是”，那只是即兴抒发而已，毕竟山水是不通人性的。

很多夫妻，相处时间久了，彼此好像左手握右手，没有新鲜感了，但还是能一直生活在一起，哪怕一方容貌变化较大，依然不离不弃，这除了有孩子作纽带和亲情的维系，主要是彼此之间是有心灵沟通的。他们在很多方面能想到一起，说到一起去。归根到底，是对方的灵魂里映射着自己的影子。

爱在不同的人身上表现为两种情形，一种人更喜欢被爱，另一种人更喜欢爱人。

更喜欢爱人的人是不是更爱自己，爱自己的灵魂，是不是与自己谈恋爱呢？应该说，不管怎样，双方肯定有一部分价值判断和审美意趣是共同的，要不然，爱是无法持久的。

更渴望被爱的人，总是比较被动，比较不自信，或者很怕麻烦的；而会主动去爱，选择自己爱的人，总是内在比较自信、自主，也不怕挫折，特有毅力的。

爱情的魔力

假如有人问一个老掉牙的问题：你相信爱情吗？应该有90%的人会回答：相信。

哪怕回答“不相信”的，一旦恋上了，也总是会完全忘记自己曾经的答案，屁颠屁颠地顾自爱去了。爱情是很真实的，就像一朵花一样，有形有香味。没有爱过，就像一朵花没有开放过。

热恋中的人就像喝醉了酒，愿意为对方做一切事，眼睛里只有对方，觉得对方是世界上最美好的，就像贾宝玉看见林黛玉一样。

所以，反对子女恋爱的父母，99%是要失望的，因为孩子不会听父母的。

16岁的花季女孩赵四小姐就一定要跟大自己十多岁并有妻室的张学良在一起，宁可没有名分，并不惜因此与做高官的父亲及家庭决裂。世人也大都把她与张学良的爱情看作是绝唱。那她与张学良的爱情就很完美很永久吗？其实未必。

爱情是有生命周期的。**爱情像酿酒，要发酵，才会有浓郁的香味。但既然是发酵，过了最佳的节点后，又会变味，甚至变酒糟或米醋了。**除非有特殊的小环境，保持的温度、器皿的材质都正好，才可以酿出真正的美酒。

凡是历久不变的爱情故事，都是有特别的小气候和环境的。比如唐玄宗独宠杨贵妃，是因为唐玄宗大杨玉环34岁，差点可以当爷爷了。唐玄宗遇见杨贵妃时已经50多岁，而杨贵妃才芳龄十八，所以唐玄宗对她怜爱有加，且年老精力有限，自然无暇顾及其他嫔妃了。但最终杨玉环还是死在他自己手里。

凡是终身怀念的，大都是没有真正在一起过的，因为没有厌倦过，还没到厌倦的点。**只有想象中的爱，才会那样深不可测、无边无际，因为没有真的测过。**

张学良对赵四小姐一辈子不离不弃，主要原因是他被软禁50多年，没有机会“旁逸斜出”，产生新的恋情。即便如此，晚年获自由后，张学良一到美国就去找蒋四小姐，一住三个月，直到赵四小姐亲自去“捉”他回家。他曾对人吐露真言：赵四最好，蒋四最爱。之所以说是“最爱”，就是没有机会做夫妻呀。

所以，能做夫妻且一直做夫妻的，总是很难得，要特别珍惜，因为“百年修得同船渡，千年修得共枕眠”啊。

每一个女人，都是为爱而生的

柔情似水，总是形容女性。哪怕像“灭绝师太”一样的，一旦真的爱上谁，也会死缠烂打，爱得轰轰烈烈。

张爱玲因为父母离异，与后妈水火不容，自己的娘又一直在追寻着爱情而常常无暇顾及她，所以她对人性看得那么透彻，甚至可以说是绝望了。

但是在遇到胡兰成后，张爱玲很快就毫无理智地沦陷了。骄傲的她说自己在他面前“会卑微到尘埃里”，为了他过了一段十分屈辱的日子。明知道胡兰成在众多石榴裙下转悠，怎么都不肯抽身，她还是痴痴地期盼着他能回心转意，回到她身边，并把自己的稿费寄给他，养他和他的女人。直到彻底绝望，黯然退出。

张爱玲可以说是人性的冷静观察者和剖析者，却也不能脱俗，无法从爱情的泥淖中自拔，总是如飞蛾扑火般奔向新的恋情。

她关于爱情的金句好动人：

雨声潺潺，像住在溪边，宁愿天天下雨，以为你是因为下雨不来。

如果我不爱你，我就不会思念你，我就不会妒忌你身边的异性，我也不会失去自信心和斗志，我更不会痛苦。如果我能够不爱你，那该多好。

你问我爱你值不值得，其实你应该知道，爱就是不问值不值得。

喜欢一个人，会卑微到尘埃里，然后开出花来。

人生最大的幸福，是发现自己爱的人正好也爱着自己。

笑，全世界便与你同声笑；哭，你便独自哭。

因为爱过，所以慈悲；因为懂得，所以宽容。

真的十分痴情和凄美。

离开胡兰成后，张爱玲空窗了很多年，36岁的时候遇到了65岁的赖雅，对这个很穷很老、曾经很风流但很有才情的老男人产生了很强烈的爱情，不顾一切地与他结婚了。也曾享受了赖雅无微不至的关爱，但是赖雅结婚两个月后就中风了，之后的11年一次次中风，有4年是完全躺在床上，需要张爱玲悉心照顾。

贫困潦倒的张爱玲为了给赖雅治病和养活两个人，写了大量没有灵性的文字，什么题材来钱快就写什么题材，完全成了赚钱的机器。

很多人为张爱玲抱屈，但她自己一直用赖雅的姓，一生都认这个丈夫。

张爱玲对自己的亲弟弟、母亲都很绝情。但对她自己所爱的男人却总是死心塌地，全心奉献。她真的有点重色轻友（亲）。

所以，**一个“情”字，对任何女人来说，都是天大的事。**

但是，情又是多么不可靠和复杂多变，情总是衍生出太多的悲欢离合，古今中外概莫能外。

希拉里，差点成为美国总统的野心勃勃的女人，也不是被克林顿伤得全天下皆知吗？

为了荷西，一向自强、四处流浪的三毛秒变小女人，甘心为他煮饭烧菜。荷西不幸溺水后，她都想跟着他一起走。但孤身很多年后，她居然会对77岁的老歌手王洛宾萌生新的强烈爱情，执意想嫁给那个风烛残年的老人。试想，假如王洛宾接受了她的感情，她是不是就不会自杀了呢？

张学良的原配于凤至，本来就是大资本家的女儿，遗传基因里有满满的商业头脑。她炒股、做房地产都那么得心应手。而她对张学良的感情也一直海枯石烂不变心，可以说连赵四小姐都比不上。为了让比自己小3岁的丈夫张学良开心，她同意赵四小姐不带名分地陪伴在张学良身边。为了张学良，她在美国苦苦打拼，为张学良和赵四小姐物色了一幢别墅，以求他们可以与自己比邻而居。她哪怕在边上远远地看着张学良就满足了。

她一直想做张学良的妻子，哪怕只是一个名存实亡的名号。但是这样的愿望都无法实现，最后张学良还是要与她离婚。她不肯签字，给张学良打了电话。张学良在电话里说：我们永远是我们。就因为这几个字，她一下子释然了，觉得是莫大的安慰，于是同意签字离婚。

我们很难去谴责张学良，毕竟赵四小姐在艰苦的岁月里跟了他大半辈子，悉心照顾他。况且，他们还有一个儿子，似乎确实需要一张结婚证书让他认祖归宗。（张学良和于凤至的三个儿子都夭折了，如有一个在，或许两人就不会离婚了。）

变幻的世事成就了张学良和赵四小姐的爱情，却让于凤至孤独地守着爱的信念，苦苦期盼了一辈子。

所以，从一个特定的视角看，每一个女性都是为爱而生的。当然，爱与被爱不是女性的全部。她还要面对如何处世立身等诸多问题，这当另说了。

性爱PK精神之爱

对女性来说，性爱重要还是精神之爱重要？

这无论从生物学意义上还是人本主义的意义上，都是值得探讨的。

曾看了很多波伏娃和萨特的爱情方面的资料，觉得他们两个的爱情真的很有标本意义，可以说是空前绝后的知己之爱，互相完全地理解、成全和感恩。

于是自以为可以得出结论：精神之爱险胜性爱。

萨特和波伏娃的爱情是那样的惊世骇俗，他们曾一起被邀请到国外讲学，包括到中国，以至于被太多人艳羡甚至嫉妒。

可法国的奥德·朗瑟兰和玛丽·勒莫尼耶曾专门写了《哲学家与爱》一书，似乎要证明，萨特与波伏娃的爱情神话，是一场糊弄了许多人的骗局：“或许他们找到了，就是他们，在千年的迷宫里找到了出口。为每次的夺门而出、为那些蹩脚的谎言、为残酷的离婚结局、为被夺走了最初亲吻时妙不可言现在沦为柴米油盐的生活找到了出口。”

但他们认为，这种几乎接近婚姻的关系，其实毫无新意。或许在萨特和波伏娃之后，爱情依旧是曾经的模样：一个让人痛苦的问题。

小说家多丽丝·莱辛在2007年获得诺贝尔文学奖后曾表示，自己从未相信过萨特和波伏娃这对“徒有虚名的具有革命性的爱情结合”。

个人觉得，这是太过野蛮和自信地歪曲萨特与波伏娃的爱情了！

他们这两个天性骄傲的、崇尚自由选择的存在主义哲学家是没有意愿和必要撒谎的，他们都是要真实呈现自己的。

毋庸讳言，他们之间主要是精神之恋。曾经有一位年轻的女粉丝向波伏娃询问与萨特的爱情本质，波伏娃在回信中一如既往地回答道，他们的爱情始于并主要是“字语和思想交流”。

波伏娃在给情人的信中写道，萨特是一个“除了在床上以外都热情洋溢并充满活力”的男人，并补充道，久而久之，他们一致认为“继续同枕已毫无意义”。

这令人联想到木心，他曾说过“拥抱、接吻、交谈都很美好，但是交媾却总是失败、很痛苦”之类的话。

于是萨特提出了一个开放式的爱情契约，两人互不干涉，可以各自拥有自己的爱情和生活，但相互不隐瞒。两年一约定。

萨特承认，等到波伏娃真的同意以后，他竟然“愚蠢”地有了不安。不安的背后其实是害怕真的失去波伏娃。

但他自己也很希望能人身自由，能有更多的体验和更多的征服。

波伏娃也同样有不安和嫉妒。但尽管曾有一份刻骨铭心的爱情摆在她面前，她最终还是放弃了结婚，因为萨特对她有精神上的牵引。

和萨特在一起，确实不是出于身体欲望的交换，但她承认，和他在一起“却是最幸福的”。和萨特在一起时，这位天资聪颖的年轻女孩在人生中第一次感受到智力上被另一个人战胜。“只有那些能在一片玫瑰花瓣中看到千丝万缕的凄凉的疯子，才会激发我如此的谦逊。”波伏娃年轻时说的这句动人心弦的话，完美地诠释了这段决定了她整个一生的感情。

她曾差点跟身为美国作家的情人结婚。这位作家叫奥尔格伦。那年波伏娃41岁，奥尔格伦39岁，离异，单身。奥尔格伦得过普利策文学奖，也是存在主义的信奉者，两人很有共同语言。他们曾几次跨越大洋见面，波伏娃一生给这位美国情人写了300多封热情洋溢的情书，并因为相思而经常哭泣。“我渴望能见你一面，但请你记得，我不会开口要求要见你。这不是因为骄傲，你知道我在你面前毫无骄傲可言，而是因为，唯有你也想见我的时候，我们见面才有意义。”

奥尔格伦很倾慕波伏娃，很想娶波伏娃做妻子，让她一直留在芝加哥。奥尔格伦家的墙上贴满了波伏娃的照片、信件、书籍封面和修改过的手稿。奥尔格伦去世的时候72岁。弥留之际，他的身边保留着的是存放了30多年的装有与波伏娃来往信件的铁盒子。铁盒子里面还有当年波伏娃随手送给他的两朵小花，那当初新鲜的小花早已成为干花。

波伏娃称奥尔格伦为“丈夫”，曾去美国的墓前看过他。波伏娃去世的时候，她的手上还戴着奥尔格伦送的一枚便宜的银戒指。

奥尔格伦想用婚姻供奉爱情，这在别的女人看来是求之不得，可偏偏遇上了波伏娃。波伏娃不是没有想过结婚。但是在法国有萨特，她的一生再怎么痴迷爱情，也敌不过她与萨特的精神之恋。

当萨特听说波伏娃想与那位作家结婚时，其实也有点着急，他说：你忘了自己的人生态度吗？放弃了自己的人生理想了吗？他一直觉得波伏娃就是为事业而生的，他很欣赏她既有男人的智力，又有女人的敏感。

最终波伏娃退却了，似乎这件好事是被萨特搅黄的，但细想又觉得不是。独立、坚定如波伏娃，一定不是受萨特蛊惑，而是自愿改变主意的。萨特只是表面上促使她做了抉择。

他们互相成全，给对方自由，但一直最爱对方，就是“我爱你，所以不想束缚你”。她甚至还哀求自己的学生去爱萨特，宁可心里嫉恨着。她会违心地做这么奇葩的事情，可见她有多在乎萨特。

在萨特生病后的最后十年，再没有了第三者，波伏娃悉心照顾萨特，整理他的文稿，度过了最后很温馨的平静生活。

他们的爱，确实与世俗相悖，但是他们在一定程度上确是把对方当作自己，对彼此的喜怒哀乐感同身受，所以就有了理解和成全，也同时成全了自己，圆满了爱情。虽然依然有爱情的痛苦和嫉妒，但这本来就是爱情的模样啊。

王小波在写给李银河的信中说：“你如果愿意爱我，我就爱你；你如果不能爱我，我就永远相思。”这就是很令人动容的精神之爱的表白。

爱也可以是“有毒”的

童话是人之初的教科书。

尽管自己上了年纪，也有一定阅历，但看王尔德的书，还是被王尔德的人生经历，以及他爱情至上、寓意深刻、结局凄美的童话故事吓了一跳。

王尔德一生只写了9篇童话，但篇篇都是经典。

童话其实更接近心灵的真实，因为童话既然并不是讲现实生活中的故事，就没有现实的羁绊，可以全然展现灵魂的模样。

王尔德的童话非常华美、深刻、宏大，甚至远超其他任何时代的童话大师，包括伊索、安徒生、格林兄弟等。但他的童话与他的爱情经历一样，同样是“有毒”的，因为是绝对的爱情至上。

在《渔夫和灵魂》中，他讲到，爱情比智慧伟大，比财宝珍贵，比少女的玉足更美，烈火无法摧毁它，海水不能淹没它。

童话中的渔夫宁可舍弃自己的灵魂，也要去爱小美人鱼。这里的“灵魂”可理解为理智，是善与恶的合体，一直想尽办法要阻止渔夫的爱情而始终不能得偿所愿。

因为渔夫的爱太强烈了，完全摆脱了一切制约。渔夫因为小美人鱼不能跟有灵魂的人结合，便毅然决然地找到女巫，毫不犹豫地舍弃了灵魂。

王尔德的童话全都是以凄美的爱为主题的，只有《快乐王子》是涉及博爱的。

他是真的另类和奇葩啊。他说，他生来就不是循规蹈矩的人。他还讥讽那些与他不一样的、走着别人老路的套中人。或许正因为他特立独行的禀赋，正因为他为了爱可以视死如归的情圣的做派，他的文字、童话才真的与众不同，因为言为心声啊。

王尔德短暂的一生其实是他爱的哲学的最真实的注解。

他曾死心塌地地爱上一个小他十多岁的同性学生：波西。波西因为憎恨伯爵身份的父亲总是殴打母亲，也因为自身根深蒂固的肤浅、乖张、贪图享乐和虚荣，缠上了王尔德，把他当作吃喝玩乐的金主，却一点都不愿为王尔德付出关爱，只一味索取，最后害得王尔德坐牢两年并破产。

王尔德在狱中痛苦回忆了所有过往，吐槽了波西一直以来的纠缠、自私自利，直至不断以奢靡需求掏空了自己的钱包，一次次提醒自己要离开他以继续自己的创作之路，却无法得偿所愿，最终使自己坠入万劫不复的深渊。

原以为王尔德从此大彻大悟，再也不会与波西有任何交集，没想到出狱后，本来为了孩子有意与妻子复合的他，最终又与波西和好，从而永远失去了当一个天才艺术家、好父亲和好丈夫的机会。

两人不久又分手，因为他再也没有太多钱供波西挥霍了。46岁时，贫困潦倒的王尔德黯然去世。

表面上看，王尔德似乎是被他的恋人毁了，其实是被他自己，被他自己太过强烈的纯粹的爱情毁了。

虽然王尔德身后享誉全球，墓碑上印满了崇拜者的唇印，但他在46岁就把自己的天才人生终结了，一切戛然而止，实在令人叹惜。

可见爱情是多么的不可理喻，爱上不该爱的人，又是多么的不可救药。

王尔德短暂的一生和惊世骇俗的童话故事告诉人们：**人生的尴尬之处在于，人们都向往纯粹强烈的爱情，但纯粹强烈的爱情也可以是“有毒”的，甚至能把人毁掉。因为它很可能反理性——包括毫无是非和界限的放肆，毫无理性和莫名的嫉恨，毫无理智的膜拜和奉献，或毫无节制的挥霍与索**

取，还有飞蛾扑火般的不管不顾。

强烈的纯粹的爱因为缺乏现实生活的土壤，完全不受世俗的束缚，所以它就像烟花一样，总是在炽热的、惊艳华丽的绽放后把自己烧成灰烬。

纯粹的爱往往拒绝方向感、拒绝是非判断、拒绝伦理和规范的约束，强烈程度又如烟火喷发，这岂不是很可怕？！

理智是人独有的，而纯粹的爱则是动物性的。既然纯粹的爱脱离了现实生活的土壤，自然不为世俗所容，因而也不得善终。

爱情经常会产生错位，经常是不对称的，至少在爱的程度上是不对称的。你很爱他，他不很爱你；或者在一段时间内，他爱你很多、很专一，你则没到这个程度。

世间的很多混乱，都是因为爱引起的。因为爱，闺蜜之间可以突然反目；因为爱，朋友之间可以一瞥成仇。但爱又是那么甜蜜，对任何人来说都是难以抵抗的巨大诱惑。因为爱是上帝给人的甜点。对很多人来说，人生就是一场苦役，而且经常是很无聊的，所以上帝就给了一份甜蜜的特好吃的点心：爱。

意志力强一点的人，能够控制自己，与爱情保持一定距离，或者保持适度距离，所以往往会比较成功。如果一味地任爱情泛滥，跟在爱情的屁股后面，一切听从爱情的指挥，人生就会充满波折和风险。

爱情就像一个调皮的小精灵，她去蛊惑人，让你乖乖地跟她走，但一路上布满了陷阱和荆棘，摔得最重的往往就是爱得最深的。

假如被爱情驾驭了，假如总是嫉妒吃醋，是会致病和发疯的。所以没有爱情有些悲哀，但失去理智的爱情也很可怕。

爱有年龄限制吗？怕是没有。有说60岁男人的爱烧起来，像老房子着了火。试想，几十年、几百年的木结构房子着火是啥样的？烧起来没个完啊。经常可以看到，有些教授与保姆好了，为了年轻的保姆死活要离婚，宁可与子女或妻子决裂。有少数会修成正果，但更多的是最终把家产丢失殆尽，而妻子无法再接纳，于是成了被家里家外的人彻底遗弃的人。

有的人很克制自己，在爱情的大门外张望一下就退回来了，或者似爱非爱，像游走在钢丝上一样，虽然得不到真正的爱的享受，但是不会出大麻烦。

王尔德为了一个年轻貌美的男子，一步步把自己年轻的生命和宝贵的声誉都毁了，还弄得妻离子散。他清楚自己处在深渊边缘，正如尼采所说，“你在凝视深渊的时候，深渊也在凝视着你”。

成功女性的爱的寂寞

成功对女性和男性的意义似乎不太相同：

男性功成名就以后，往往事业、爱情双丰收，家庭幸福美满。女性则不同，她们在功成名就后，常常不是更有爱了，而是更缺爱了。

所以某知名平台的女高管接二连三地被感情骗子骗了，而且被骗得好惨。因为她们太寂寞了，太需要爱，太需要放松，到了一定年龄也十分向往婚姻了，结果才貌双全的她们被感情骗子钻了空子，被骗色又骗财。

历史上，武则天虽然有很多情人，但大多只是面首而已，精神上的沟通和平等是很难有的。

虽然特别成功的女性总是凤毛麟角，很多女性只是在某些岗位一步一个脚印地越走越高，其实也说不上独上高楼，但不经意间已经高处不胜寒了。

因为家里的天平倾倒了。本来她们在家里是公主，是被呵护的对象，可以撒娇，可以偷懒，可以胡搅蛮缠，丈夫都会欣然接受，但是现在丈夫不干了：

咋的，你当领导就了不得了？你以为自己很了不起，是吗？你想来指使我吗？同样一句话，同样一个请求，原来可以，现在不被允许和接纳了。久而久之，在单位里春风得意甚至高高在上的，很可能在家里被孤立，甚至被嫌弃。

如果丈夫心态好，不太在乎那些名啊利啊，自己有自己的兴趣爱好，老顽童似的，仍然不把老婆看作啥领导人物，那要好很多。如果丈夫本来就大男子主义，事态就有点严重了。

这种情况在国外似乎要好一些。因为西方人更张扬个性，男女之间，更讲求精神的吸引和性的吸引。所以经常可以看到，一个帅哥与一个外貌很不起眼甚至年纪已大的女性在一起很恩爱，根本不在乎路人的眼光，

法国总统马克龙自己那么年轻帅气，身居高位，也还是一如既往地爱着年长他24岁的老师，几十年如一日。他拉着满脸皱纹的妻子的手走红地毯，参加国家首脑间的活动，丝毫不觉得尴尬或有违和感。

西方人觉得谈恋爱和找伴侣是自己的事，与他人无关，只要我自己喜欢就好，跟别人八竿子打不着。所以英国女王和丈夫菲利普亲王一直很恩爱。亲王总是把女王当成一个

需要照顾和呵护的小妹，在心里并没有把她当作女王，女王也一直把丈夫当作白马王子，所以两人几十年如一日，举案齐眉。

所以，成功女性自己调节好心理很重要，不要觉得丈夫一定要比自己强，或者准确地说，一定要比自己地位高或赚钱多。尤其回到家里，就要把职业面孔换了，把领导的口气改了。

在家里，你就是妻子，就是丈夫的爱人，一个爱丈夫的女人。学会示弱，学会妥协，从丈夫的角度去设身处地地理解和包容丈夫，甚至要比原来还要多付出一些，尤其是要多调节丈夫心情，多陪伴丈夫，那就可以得到更多的抚慰和关爱。

有多少爱可以重来

没有人不看重爱，也没有人不向往爱的。漫长的人生中总会遇见爱、邂逅爱，也难免会经历爱的变淡甚至消失。那么，有多少爱可以重来?

这或许要看到底是一种什么样的爱了。

有一种爱，是很纯粹的伊甸园般的爱，它只是一种心动的感觉，与传宗接代无关，也与金钱、地位无关。

这种感觉往往也不仅仅是因为外貌上的吸引，而是在一起有过交谈或在交游时相遇，哪怕时间很短，但喜欢对方的性格脾气，知道对方的喜好和心性后有一种相见恨晚的感觉，有一种想相互靠近的念想，有一种你不用说我也能明白的感应。

或者不经意间，突然被某人的某句话、某个动作打动，甚至是被某种表情打动，然后突然有一种麻麻的感觉，一种心灵交融的感觉。

有了这种感觉，自然会很愿意彼此靠近。如果因为种种原因不能靠近，那自然会有“所谓伊人，在水一方”的遗憾。

但很多遗憾是不可避免的，是人类自诞生之后起必须要学会接受和忍耐的。

哪怕是动物，也有相处的边界，生息繁衍的地盘也是凭先来后到或通过竞争得到的，没有谁可以肆意地自己想怎样就怎样的。

康德说，自由不是你想做什么就可以做什么，而是你不想做什么就可以不做什么。

人类作为灵长类动物，他的生物基因里遗传了一代代人为了基因生存而优化的各种特性，包括无奈地接纳失败，无奈地饮下遗恨。而人类的文化基因和精神基因，更像是一张网，把我们从头到脚、从里到外都兜住和包裹。

哈姆雷特说，生或者死，是个问题。爱或者不爱，同样也是。

生或死的抉择只有一次，除此之外，人类碰到的最大的纠结是爱与不爱。

那么，有多少爱可以重来？

很多时候很多爱不能重来，是因为没有权利重来。

就是说只能心动而已，或者说只能心动而不能行动。因为社会规范和社会伦理的约束，只能把让人心动的爱扼杀在萌芽中了。

也有些是因为产生心动的环境变了：时间、地点变了，心情和心境也变了。比如单位里同事一起休假外出旅游，无牵无挂，一身轻松，就很容易跟谁谁特别谈得来。假如换一个环境，把两个人放在有竞争的岗位上，两个本来颇有亲近感的，就可能变得很陌生甚至变成仇敌。这就是环境的因素在起作用。

这种因为环境而产生的心动往往少了深厚的根基。就好像一个花蕾在温暖的南方，在随风潜入夜的春雨后悄悄地绽放了，但是假如把它移植到寒冷的北方，是根本开不了花甚至成活不了的。

连三毛这样的浪漫派也说，爱如果不落实在衣食住行上，就不是真正的爱情。因为经不起考验啊。毕竟相爱容易相处难。

如果只是享受爱情，只是在一起吃吃喝喝，或者在茶余饭后，偶尔见一次面，比如一起在西湖边聊天看风景，或者只是在网络上互动一下，这样的爱情确实纯粹又浪漫，只是在现实生活中很难维系。当爱情沉浸在生活之中，生活中一定会有的矛盾冲突和种种可能的不适配一旦出现，这种享爱式的爱情就会显得十分脆弱。

人与人的深刻的爱情和相知，一定是要通过种种的矛盾

及其解决，通过大大小小的冲突及其化解，才能知道相互是否适合在一起生活，是否可以天长地久的。

有的爱本来就不理智，自然就不可能重来了。

爱是很美好的，甚至是最美好的，人世间还有比爱情更让人迷恋的？应该没有了。

都说恋爱中的人智商特别低，是有道理的。所以，有些爱不能重来，其实是因为理智醒了，所以就没有以后了。张爱玲说：“我们再也回不去了。”说的就是这样一种状况吧。

还有一种爱是分手后经历了风风雨雨，在有了比较后，终于认识到自己的前任是最好的，然后很想回到从前。但是前任已经有了新的伴侣，那就回不去了；或者前任虽还单身，想回去却又开不了口，抹不开面子，自然无法重头再来。

世间没有绝对。有时破镜也是可以重圆的，不是说经历过风雨才能见彩虹吗？

所以有多少爱可以重来，真的是有千种爱就有千种答案，有千种人就有千种选择啊。

婚姻的真相

The truth of marriage

婚姻就是两个比较投缘的人合伙过日子，互帮互助，繁衍后代。

家是什么？是爱巢，是监狱，是情绪垃圾桶？都是，都不是。家就是家人一起抵挡风雨的港湾，经常爱意绵绵，也难免会无聊生厌，甚至相互发泄。

家人是牵连着血缘的亲人，累了困了还有家人可以依靠，总是特别欣慰。

家是监狱？

一位外语系毕业的绝顶聪明、精灵古怪的女士在朋友圈发了一个帖子：

晚餐间，偶然看到朋友发的微信：人类最大的监狱是什么？就是人类的思维意识。

于是问（同是外语系毕业的、曾是她班长的）丈夫：人类最大的监狱是什么？

答：home（家）。

我愕然，笑问：为什么？

答：你是我的最大监狱长。

问：为什么不逃？

答：心甘情愿待着。

我大笑：你是病人，斯德哥尔摩综合征重症患者。

假如把斯德哥尔摩综合征中的被害人和加害人的定义无

限制地延伸扩展开去，那么，人人是病人。

帖子就这么长，却意味深长。

其实每个家都差不多的。每个家都是方舟，也是监狱。

我们在年轻时都心有戚戚地想找一个归宿，找不到似乎就是人生失败。亲朋好友尤其是父母都希望我们早日找到另一半，然后结婚生子。

但结了婚真的是进保险箱了吗？答案自然是否定的。

人与人的爱始于靠近，人与人的疏离也始于靠近。

1975年，毛主席他老人家在党内一次重要会议上谈到人际关系时曾说：亲则疏，疏则亲；亲则严，疏则宽。

两个人走入婚姻殿堂，把自己与另一个人以法律契约的形式绑在一起，天长日久，一直很恩爱、一直相互欣赏、一直没有矛盾冲突，是不太可能的。

他们在一起，熔铸了一家人日日夜夜的喜悦、焦虑和期盼，自然也会相互盘根错节，越缠越紧。但同时，因为矛盾冲突，难免时亲时疏，甚至因为一些事情而生出误会、摩擦和怨恨。但因为有法律和道德约束，所以只能自己化解，除非离婚。这难免会生出厌倦、生出审美疲劳。

就像两个人被关在一个牢房里，没有对方会寂寞，老看着对方会觉得单调而生厌。对方是自己的亲密伴侣，又像是自己的监狱长，爱护着，也监管着，让你动弹不得。但真的离开了又会不习惯和不适应，像身上掉了啥东西一样。

孙俪和邓超因为知名度高，经常被媒体假传离婚，于是孙俪晒结婚照辟谣，并配了一段非常理性的话，深刻诠释了婚姻的本质："我们是：生活的伴侣，孩子的父母，工作的同事，理想的战友，养生的师徒。"

邓超也公开回帖："10年了，你一点没变，可见我的重要。"并把妻子的话重复了一遍。

可见相互关系之理性和紧密。

家只是一个壳，你往里面装什么，它就是什么。从前，家只要有猪就可以了，宝盖头下面一头猪，就是"家"这个字的来源，所以，有吃有喝就是家了。现代社会，吃喝不愁了，家的精神功能就被无限放大，变得至高无上。像不像家，主要不在于家有多大、多豪华，而在于自己和另一半如何相处。

如果两人很恩爱，那家就是天堂；如果比较和谐，那就是暖窝；如果充满嫌弃甚至敌意，家就是地狱。

有一个很让人震惊的现象是，很多人在退休后，处于失恋状态，甚至处于抑郁和相互争斗状态。

退休前，家只是一个窝，清早出门，很晚回家。退休以后呢，家就是全部了，几乎全天候对着家人，家人的情绪和对你的态度就决定了你的情绪。快乐与否，温暖与否，安全与否，自信与否，都取决于另一半。

你是女人，你是鲜花还是毒草？决定权在另一半。你是男人，你是帅哥还是青蛙？也与另一半息息相关。另一半总是对你说好听的话，对你的缺点视而不见，看见你笑眯眯的，那你就变鲜花了。反之，你被冷落、指责和嫌弃，你必然经常拉长着脸、撇着嘴，眼神露出愤怒和冷漠，总是忍不住要吵架发泄，你无疑就是毒草了。

家人就是你的厨师、调味品和心理医生。

如果长期打冷战，就如身在冰窖，身体肯定会出问题。到时候，家人就需要经常跑医院，甚至需要请保姆，需要把钱源源不断地打给医院和保姆，就没有太多的时间和金钱来享受美食、美景和做美梦，只能整日面对药味、药品、药费和惊恐。

所以，对家人好一点，把心放在家人身上，就是对自己好一点，就是对这个家最好的投资。

家是“垃圾桶”

当夜幕降临，家家户户的窗口亮起温馨的灯光，远远望去，就像一块块亮闪闪的有灯光可以管控的积木，透出让人心动的诱惑。这时候，没有家的都会觉得家就是火炉，会不知不觉地想起一句歌词：我想有个家。

家是个温暖的火炉，但家也可以是火药桶，最日常的是一个垃圾桶。

有没有经历过这样的场景：

有一天，妻子买了一件自己很喜欢的衣服，或做了一个很靓丽的发型，兴高采烈地回家，眉开眼笑地向丈夫显摆，希望对方赞美一番，多看几眼。可是他却阴沉着脸，连眼皮也懒得抬一下。

你说妻子是啥心情？就像立马掉进冰窖里了，即便不生气发火，烧饭做菜的时候也是心里愤愤的，把肉剁得震天响，觉得自己就是贱，还烧饭给他吃。

有时，妻子看见丈夫长时间赖在沙发上看电视，就说“我们一起散步去”，丈夫却不搭理；耐着性子再好言好语地请他，他还是说：不去！

妻子想，我好心催促你锻炼身体，想陪你说说话，你咋那么不给脸，我又没惹你！

有时，一切都好好的，你说了一句很平常的话，搁平时一点没问题，那天，他莫名其妙就大动肝火。

你太生气了，“简直不可理喻”，“这日子没法过了”。

这种夫妻俩情绪拧巴、错位的场景，相信每家每户都经历过，甚至隔一段时间就会上演。

为什么？

因为家是一个人卸下面具、显露真相的地方，也是婚内人无所顾忌地发泄坏情绪、倾倒情绪垃圾的地方。

其实，你等对方平静了，婉转地去探问一下就会知道，那是因为对方在外面受气了，碰到烦心事了。男的尤其会这样，在事情没解决前，他不想跟妻子说那些糟心的事，怕妻子跟着影响情绪，或者觉得自己没面子。

往往过好久了，等到事情过去了，问题解决了，妻子才会知道，曾经有过很烦恼的事，他不想跟你说。但他自己情绪不好，就很容易发怒，无处可发，就把火撒妻子身上了。

还有一种是延迟发火：

一方在前几天说的话不中听，另一方那时候情绪好，没发作，或隐忍着没出声，但是不等于他不介意。今天他心情不好，就补发了，一股脑儿喷发了。

所以，看对方情绪不正常，你就避让一下，让他发泄一下，发完就好了，慢慢找时间再跟他聊，让他把心里的怨气发出来。

有时讲着讲着，对方不经意间把心里的不满讲出来了，那就好。所以从不吵架的夫妻，要么特别美满恩爱，要不然就是戴着假面具，一旦有矛盾就很难化解。

家就是情绪的“垃圾桶”，你不让家人倒，家人就可能去别处倒了；向你倒，是把你当亲人，最亲密的人。

妻子往往忘了，自己也是动不动就制造情绪垃圾和倾倒情绪垃圾的，丈夫总是忍耐着。所以不要以为丈夫是没脾气、没情绪的人，**只有机器人才是没脾气的，可你愿意跟机器人过日子吗？**

心理学家维克多·弗兰克说，包容不是绝对的。从本质上来看，包容是一种超越，而“超越”的字面意思是从上面越过，不是逃避和忽略可能有的问题。同样，要包容别人，也需要提升自己认知的高度。

婚姻的毒药不是争吵，而是虚情假意，是糊弄和欺骗。通过智慧，优雅地去超越分歧与冲突，学会倾听和理解，尊重彼此的天赋个性，接受彼此的不足，然后才有真正的长久的接纳。

真诚的关系，就是逐渐接纳差异，达成共识。不盲目，不伪装，也不回避，让自己心平气和。最终，柔和的目光与平和的语言往往具有更强的穿透力。

努力成为一条恬淡的河，载得动自己所有的稚涩和无知，也载得动人世间每日大同小异的喜怒和哀乐。

接纳，首先从接纳身边人做起。不知谁说过，**与身边最近的人相处好，就是与全世界相处好。**

你真的会爱人吗?

如果有人问我们，你真的会爱人吗?

很多人会说，那当然啦。其实未必!

电影明星史可有一次带着外籍丈夫上电视节目，她满脸幸福地说，丈夫每天都会要求拥抱，每天对她说:“爱你，你真漂亮!”

史可的丈夫在边上用有点结巴的中文说，这是“工作(work)”。意思是要像工作一样，是必修课，每天不能缺少的。

可见，他的心里很清楚，爱是要经营的，是要通过言行体现出来的，是要时刻把对方放在心里，让对方开心快乐。

我们问问自己，有多少人是这样对另一半的?恐怕少有。

很多人都是，想爱的时候，心情好的时候，春风得意的时候，会爱意绵绵；不高兴的时候，失意的时候，有挫折的时候，或者因为某事心有不爽，就可能说翻脸就翻脸，毫不顾及对方的情绪。哪怕事后会有悔意和歉疚，但往往已经让对方觉得委屈了。一次两次还行，经常这样，难免会积怨。

爱人是一种能力，如果没有这种能力，只是被动地索求被爱，不会主动施爱，就相当于是一个情感上的残疾人。因为爱是要回馈的，如果只是一味地要求另一半，不知道自我完善，让对方由衷地爱自己，那么爱会不知不觉地被磨损，甚至会相互嫌弃和相互折磨。

爱是主动的，被爱是被动的。谁都渴望爱，所以不能一味等着别人爱自己，而要主动去付出自己的关爱，去宽恕对方的种种不是。

爱是以心换心，爱着的人不应该是像刚刚出生的雏鸟，嗷嗷待哺。

夫妻之间的爱更应该是一种自觉的习惯，不是即兴的、情绪化的。但凡是习惯，都是养成的，需要自我训练的。训练克制不良的情绪，学会各种示爱，习惯成自然，就自然会有好结果。

有人说，每天在一起，脸上的皱纹都看得一清二楚，不厌倦算好了，讲什么爱？其实，正因为每天在一起，才更需要爱呀。每天在一起，对对方的影响才最大。你几乎是对方的一切，你可以主宰对方的情绪，决定对方是否快乐，决定对方胃口好不好，睡眠好不好，精神是否饱满；也由此决定了家庭磁场是否温馨，全家人是否能身体康健，孩子是否无忧无虑、充满灵气，等等。事儿大着呢。

很多夫妻老来相敬相爱，相貌越来越接近，都慈眉善目、细声细语的，那肯定是一起被爱的习惯和温馨的家庭氛围熏陶出来的。

请在独处的时候，问自己：我真的会爱人吗？

女性的困境

在英国喜剧《伦敦生活》(*Fleabag*)中，有这样一段台词："女人的疼痛是与生俱来的，是我们生理上注定遭受的罪。月经痛、哺乳痛、产痛，它们贯穿了我们的一生。"

其实，这些痛还不足挂齿，是短暂的和比较容易克服的。女人最大的困境在以下几个方面：

1. 女人要温柔，但仅有温柔是不够的

男人都说，女人要温柔，温柔的女性人见人爱，温柔是女性的标志。但是光有温柔够吗？

秀美温柔的戴安娜败给了卡米拉。两个女子相比，卡米拉相貌平平，还比戴安娜年长很多，结过婚，生过孩子，是假小子型的半老徐娘。但卡米拉聪明、果敢、大胆、充满活力，这正是查尔斯王子最欣赏和迷恋的。在他眼里，戴安娜就像是绣花枕头一样，徒有其表，很难有精神上的深度沟通和融合。所以时间一长，就觉得在一起很无趣。

而且，温柔从何而来？温柔是爱的流溢，是充溢着爱，然后就不知不觉地在言行举止中表现出来了。

很多时候，女性被当作男性使用，她们要与男性一样去拼搏和竞争，如果又得不到必要的理解和体恤，得不到爱，她们还能温柔吗？

2. 女人不能不强，又不能太强

女人太无能，没有内在，就沦为花瓶。人是有灵魂的，跟男人很少有精神沟通的女子再美，都像挂在墙上的画中人，看厌了，就不来电了。

女人太依赖男人，啥都仰仗于男人，在男人苦闷落魄、需要精神支撑的时候难以提供帮助和慰藉，男人也会觉得有欠缺，感到失落。

但是有内在就无忧了吗？张爱玲这么深情地爱胡兰成，她又那么有才，也不乏美貌，她几乎把自己缺失的父爱需求和女人的情爱需求都集中到胡兰成身上，对他包容甚至屈辱以待。在他面前，觉得自己“卑微到尘埃里”，原谅他招蜂引蝶，还拿自己的稿费养他和他的婚外女人，但还是被遗弃。

女人太强，则把很大一批恋爱对象和适婚男子拒于千里之外了。男人，尤其是中国男人，大多喜欢比自己弱的女子，喜欢以保护者的形象出现在两性关系中。他哪怕不很强大，也希望在他喜欢的女人面前是强大的，这样他就有满满的男子气和自信心，他就特别有安全感。所以很多女强人一路奋斗，却把自己搁浅在了奋斗路上和成功的祭坛上。等到青春年华不再，她哪怕想要下嫁，也越来越难了。

3. 女人是情感动物，但又不能感情用事

相比男人，女人更多情和更深情，但是越深情，越容易受伤。所以有时候，她就把自己变成比较中性的人，甚至是刀枪不入的人。

于是她要么不结婚，要么太在乎丈夫了，于是就会太依赖和管控着丈夫，甚至因此会无端地生出一些烦恼和矛盾。

4. 女人期盼找一个强有力的完美的男人，但是太完美的男人又往往是“大众情人”

女人总有点贪心，都希望自己的爱人完美无缺，他是生活的支柱，是自己的偶像，是永远的诺亚方舟。希望丈夫脾气好，形象也好，收入也不错。但是条件越好的男子，潜在的风险也越大，因为女人的需求都是差不多的，你觉得好，别的女人也会觉得很好啊。

于是难免有危机感，而危机感是女人容貌的杀手，这是会陪伴终身的。克服危机感是需要有很强的能量和修养的。

哪怕找一个相貌平平的金主，女人还是会因为无法掌控金钱和那个能带来很多财富的金主，而失去自主权，使得永受宠爱成为泡影。

很多女性羡慕成为全职太太的人，其实，成为全职太太是把自己完全交出去了，一旦离开职场，就很难再回到职场上去打拼了，人总是有惰性的。一旦丈夫嫌弃了，一旦自己不很喜欢无聊而缺少成就感的家庭生活，内心也是苦乐自知了。

所以，女性的困境是先天的，也是很难完全破解的。

我的一位才女朋友曾发帖说：我就是要自己把自己宠成公主！否则在男人眼里，我就是个女人的活样样必须会，还必须像男人一样赚钱买房、装修又不给付工资的长工！我怎么当公主我做主！

所以华大集团CEO尹烨说，我不劝说女性一定要结婚，但是要生孩子。毕竟女性在婚姻中是要付出更多的，也会更容易受伤。

西蒙娜·德·波伏娃走了第三条道路，就是不结婚但一直恋爱，也不生孩子。波伏娃说，我与萨特的关系主要是建立在知性而非婚姻或家庭的基础上，因此我从无生小孩的欲望，我并没有特别的欲望去复制一个萨特。

毕竟生孩子后，夫妻要承担必不可少的责任，女性更是要把一生中很大部分，而且是最美好的时光花在孩子身上。虽然可以兼顾，但毕竟是要分心的。

有说波伏娃在美国的声誉很高，远远超过萨特。美国女权运动家凯特·米列特评说，波伏娃为全世界的妇女打开了一道门。她的《第二性》改变了全世界亿万人的命运。我觉得是言过其实了。

其实，人活在世上，做母亲和做学者是各有其价值的。母爱是天赋的激情，孩子带给女性的快乐是别的东西无法代替的。波伏娃的选择以阉割母性为代价，所以不能说是一条最好的道路。

而且从社会意义上说，世界上最高智商的人不生育也是社会的一大损失，所以不是可以普遍推广的。

说到底，**女性的困境其实也是全人类的困境，需要女性和男性作为命运共同体一起面对，**在男女平等的基础上给女性更多的理解和宽慰，包括对她们独特的内心世界的深切体认。少一点性别歧视，多一点特殊照顾。

男人更值得悲悯

昨晚，给一位久未谋面的闺蜜打电话。

通话时，她虽然语气平缓，但几乎没有停顿，因为她觉得自己有点委屈，得不到丈夫的理解。

她属于女强人，虽然生意不是做得特别大，但作为女人，并已60岁，却还踌躇满志、元气满满地在外地从事某产业，被聘为一公司老总，而且自己也有投资，有50%的股份，进账不错。丈夫跟着她，担任下属公司的法定代表人。

丈夫似乎一直有点失落，但她忙得没有时间去琢磨和顾及。

那天一起外出参加朋友孩子的婚宴，闺蜜清清楚楚地听到丈夫对人诉苦：赚这么多钱干吗？真要抑郁了，那个谁谁就抑郁了。他列数了很多患抑郁症的名人，觉得自己也差不多了。

闺蜜很惊讶，也有点生气，说老公没有良心！

毕竟老公没有很辛苦，也没啥压力。退休了还能每月有不少收入，吃饭啥的都有人操持，还想怎样？她自己在公司受人敬重，对管理运作也驾轻就熟，如鱼得水，他干吗不支持，还要公然向朋友抱怨？

我毫不犹豫地对她说，你要理解你老公，多安抚安抚。他像随军家属一样跟着你，你无法理解他作为一个男人的心情。

是的，**其实男人更需要悲悯。**

为啥是“悲悯”，而不是“同情”？这不是居高临下，而是因为**男人面对的是无法改变的终极困境，说同情，是有点轻飘飘了。**

男人总希望自己是世界的王者、掌控者，一直都是。至少他希望自己一直是妻子的依靠或者崇拜者。但是随着环境的改变，年龄的增长，无力、无奈感与日俱增，而妻子往往更有活力，如果比他还会赚钱和似乎更有能量，他自然既高兴，又难免失落了。

女人好一些，她本来就可以是从属者，或者可以是既得利益者，虽然也一直在共同打拼，里里外外都不缺失，但是在精神上，她是能屈能伸的，她是可以因为弱小而退缩，因为不想竞争而逃避的。但男人就不太一样。

曾经在《动物世界》节目中，看到过一只雄鸟因为筑巢技术不行，被“妻子”惩罚，让它独自在岩石上淋雨。

也看到过强大的雄性动物被对手打败后，伤痕累累地独自转身，一步一步地离开它自己的领地，茫然地走向陌生的远方，再去开辟不知在哪里的新领地，去寻找愿意接纳自己的伴侣。夕阳把它的影子拉得老长老长，就像长长的孤独的拖把。

女人可以软弱，男人似乎不行；女人可以失败，男人似乎不行；女人可以被同情，男人似乎不行。

其实，没有男人的失败，哪有男人的胜出。有胜出者，一定会有失败者。

在传统的世俗的观念中，男人是高大威猛的代名词，是勇于担当的顶梁柱，甚至是无所不能的英雄汉。这么多美好的名词加诸男人身上，其实对男人是一种莫大的压力和负担。

其实，**男人也是血肉之躯，也有烦恼和无奈，也有力不从心甚至束手无策的时候**。换了女人，她可以撒娇、服软、示弱，可以泪汪汪地求助或者哭诉。但是男人不行，不能在男人面前屈膝，更不能在女人面前低头流泪。于是，他可能转而选择冷漠甚至冷酷，他可能用无情来掩盖无奈，用粗暴来发泄憋屈。于是，做妻子的就觉得他不可理喻，就觉得他蛮不讲理，就觉得他与曾经的追求者的形象大相径庭甚至判若两人。

于是妻子就愤恨、惊诧，怒火攻心，于是双方开始怒目以对，粗暴相向，一顿又一顿的数落让丈夫更没有自信，更少了保护和怜香惜玉的心境。

其实，人还是那个人，只是背了一身坚硬的甲壳和细密的利刺而已。

谁最容易自虐？追求完美的男人；事业受挫折、发展遇到瓶颈或碰到天花板的男人；家里女性事业心很强的男人……

其实男人也有更年期，这种更年期不是激素水平的变化造成的，主要是心理障碍，或者说心态失衡。他们离开职场，顿觉百无聊赖，精力也似乎大不如从前，有点像失势的人，心理一下子崩溃了。

事业型的男性尤其要注意，他们生来很自律、很勤奋，不知道玩乐和放松自己，他们的调适更难，退休后的模式转换也更难。

老天爷塑造了一个人的个性，不可能在上半段是这样的，下半段换一个个性让他去适应退休的生活，所以只能自己努力调整。

男人往往不像女人动不动就唠唠叨叨，有不开心的事就抱怨和发泄。他们习惯把不愉快憋在心里，慢慢发酵，而他们往往并不自知。

说到底，自虐的往往不是缺吃少穿，也不是生活太累太艰苦，或者身体上有重大疾病，而是自己也没意识到的心理问题，所以，**无论是自虐的男人还是其家人都需要一种理性和人文关怀来面对，一起走出自设的牢笼。**

什么样的男人才能给女人快乐

看到一句话：只有自己快乐的男人，才会给女人快乐。

第一反应觉得很对，想拍手称好，因为快乐是会传染的呀，你快乐，别人才会快乐呀。但过了一段时间，再回过头来思索，又觉得没有那么简单。

因为光有快乐是不够的！一个男人没心没肺的，心态特别好，但不知道赚钱，家里缺吃少穿的，却总拉着妻子大清早去看日出，一起没日没夜玩游戏，妻子会快乐吗？

那么，什么样的男人能给女人快乐？

首先是有爱心、有上进心的。有爱心才会体谅，才能推己及人，才能奉献自己。男人一定要有上进心。热爱学习，能找到自己的事业，热爱自己的工作，追求自尊和被尊重，这样的男人一定是活得很充实。

1963年，任正非就读于重庆建筑工程学院（现已并入重庆大学）。还差一年毕业的时候，“文化大革命”开始了。父亲被关进了“牛棚”，任正非扒火车回家看望父亲。父亲嘱咐他要不断学习。任正非回到重庆后，把电子计算机、自动控制等专业课程自学完，他还把樊映川等编的《高等数学习题集》从头到尾做了两遍，还自学了三门外语。

女人也总是希望找一个比较有智慧的，他们知道自己要什么，懂得取舍。

潘石屹刚毕业时被分配到河北廊坊市石油管道局，日子过得非常惬意：“什么都不用干，工资还比较高。”一开始，他也很高兴，表现很好，成了重点培养对象。后来，潘石屹的办公室新分配来一位女大学生，潘石屹陪她去领办公桌椅。这新同事特别挑剔，挑来挑去挑个不停，潘石屹有些不耐烦，劝道：“不就是一张桌子和一把椅子吗？能凑合着用不就行了？”不料这位新同事非常认真地回答：“小潘，你知道吗，这套桌椅可能要陪伴我一辈子的。”潘石屹被这句话深深地刺痛了：难道我也要如此过完一生？坐了三年办公室的潘石屹，毅然决定辞职“下海”。不久后，他变卖了所有家当，去了深圳，开始新的人生。

他们懂得什么是人生最重要的东西，也知道自己的特长和潜力，所以能准确定位。

女人总是希望找一个豁达的男人。豁达的男人能够从挫折中站起来，能够在受伤后舔干净自己的伤口重新出发。因为生活不会是一帆风顺的，永远不会。

有一对夫妇，家里房子被烧了，几近废墟，夫妻俩满脸焦黑、衣衫褴褛地在自家房前靠在车上摆了pose，拍照留念。既然事已如此，还不如开心点，这真的比哭丧着脸好多了。

女人总是希望找一个自律的人。自律的人能最终战胜自己的懒惰、自己的恐惧、自己的冲动、自己的坏习惯。但凡事业成功的人，都是自律的。自律的人不会丧失理智跟着感觉走，也不会盲目地被别人拖着走。他们哪怕会走弯路，也只走一小段。

有没有一个男人可以全部具有这些品行？没有，包括伟人。

在美国新泽西州的一所小学里，曾经有一个由26位孩子组成的特殊班级，他们是一些曾吸过毒或进过少管所的孩子。一位叫菲拉的女教师主动接手了这个班。

菲拉老师的第一节课，是在黑板上给大家出了一道选择题，让学生们根据自己的判断选出一位在后来能够造福于人类的人。有3个候选人：

A．笃信巫医，有两个情妇，有多年的吸烟史，而且嗜酒如命；

B．曾经两次被赶出办公室，每天要到中午才起床，每晚都要喝大约1升的白兰地，而且有过吸食鸦片的记录；

C．曾是国家的战斗英雄，一直保持素食的习惯，不吸烟，偶尔喝一点啤酒，年轻时从未做过违法的事。

大家都选择了C。菲拉公布答案：A是富兰克林·罗斯福，担任过四届美国总统；B是温斯顿·丘吉尔，英国历史上最著名的首相；C是阿道夫·希特勒，法西斯恶魔。大家都惊呆了。

所以，人无完人，即便是上面说到的名人也不是十全十美的（更不要说希特勒了），何况我们普通人。

很多男人有点严肃，但严肃的人不等于没有爱心，而且可能很有责任心，是对自己要求很高的人。

人的一生，快乐总是像淘气包，一露头又不见了。尤其人在奋斗还没结果的时候，在奋斗中遇到挫折的时候，是不可能轻松乐呵的。这个时候，就需要另一半多体谅，不能再去指责对方为啥总板着脸，而要多给予理解与抚慰。

所以，说到底，**男人的快乐不会从天上掉下来，也装不出来，需要家人好好调节和激发。女人的快乐也不纯粹是男人给予的，是要自己调节，并与男人一起共同努力和不断追求得到的。**只有独立自主的女性，才有实在而长久的快乐。

夫妻恩爱是“宠”出来的

两个人在一起，要一直“你好，我也好”，真的是要好好“经营”的，主要是有意识地独宠和专宠。

因为**女人味是宠出来的，男子气也是宠出来的**。

为啥结婚前或婚姻初甜甜蜜蜜，时间久了，则可能变得像路人甲或路人乙。其实，都是同一个人啊，三岁都看到大了，本质上变不到哪里去的呀。

主要是新鲜感没了，相互看缺点多了，看优点少了，那当然是越看越不顺眼了。

其实，除非你想离婚，那无所谓，反正要散伙了，不想在一起了。如果想一直保有这桩婚姻，并希望婚姻是幸福的，希望回到家是温馨的，甚至甜蜜的，那就要有意识地开一只眼，闭一只眼。

开一只眼，多看看、多感受对方的优点；闭一只眼，对对方的缺点视而不见。

常有人说，家不是讲道理的地方，真是太对了。人只有在家里可以偶尔不讲道理，可以放下面具，可以撒泼和撒娇，相互宠着，宠着宠着就宠成习惯，就宠出甜蜜来了。

如果你经常很认真地数落对方的不是，很严肃地指出对方的缺点和不足，对方不仅改不掉，而且会变本加厉，反过来数落你的一大堆不是。

每个人都是长处和短处共存的：

可爱和浪漫是她，冲动和缺心眼也是她；理性和细心是她，刻板和单调也是她。

丈夫也是，不可能集万千优势于一身，也不会看来看去看不出啥亮点的，除非是你找对象时瞎眼了。

女人怨老公不宠她，也要反思，是否对老公要求太高。如果你经常对他不满意，或经常翻检他的缺点，他就根本没法宠你。

男人怨老婆不美，黄脸婆，脾气差，也要反思，自己是否忘了：女人是要宠才会美的，是要不断听好话，哪怕是带有善意谎言的甜言蜜语，才会永远年轻。

你想，连一杯水贴上不同的评价标签，放入电冰箱，其结晶都是不一样的：

写上“可爱善良”，结晶图案就美丽好看；写上“丑陋恶毒”，结晶图案就面目可憎。

猫狗也一样，你很少照料它，不去安抚和关心它，它也会阴郁的，变得不可爱了，更不要说人。

婚姻生活，过着过着，有的得这个病那个病，有的暴露出这个不足那个不足，甚至会造成一些不良结果，如孩子的教育和工作被耽误了，金钱损失了，等等。这个时候，每个人都会焦虑和心痛的，就越加需要相互扶持和体谅，相互包容和劝慰。

走过一个一个坎，又是一个个艳阳天，相互的感情也会更深一层，因为彼此都不断在感情的银行里存钱。到老了，越来越老的时候，这些都是弥足珍贵的财富。因为你知道，风雨与共是因为有对方，共享快乐是因为有对方，你的生命在时间的长河中与对方浇铸在一起了。

所以，**哪怕是为了自己，也要把另一半宠起来。**

婚姻是最考验人性的地方

先问一下：如果让你几十年如一日，天天吃“水果皇帝”榴莲，或者是“水果皇后”山竹，不能吃其他水果，是否会吃到呕吐，甚至会到厌食的地步？

在家里，丈夫很不喜欢吃营养很好的土豆和番茄，因为在食不果腹的三年严重困难时期，曾经用土豆当饭吃，也曾经每天吃自己种的番茄，吃到想吐，以至几十年后看到它们还会倒胃口。所以更不要说几十年如一日，天天吃同一种食物了。

同样，天天对着同一个人，开心也好，不开心也好，年轻也好，年老也好，白天也好，夜里也好，天天只能同一个人为伴，怎能不产生审美疲劳？

坊间有句俗语：“老婆（或老公）是人家的好。”这完全是一个伪判断。

人家的老婆好像总不会老，而且一直打扮得很明艳或很时尚，看见邻居啥的总是笑眯眯、和颜悦色的，电梯里甚至能闻到她身上的好闻的香水味。

人家的老公也总是一早买油条，晚上倒垃圾，或开着“大奔”回家，一副成功人士的踌躇满志，看见隔壁的你还很欣赏的样子。于是，觉得自己特别委屈和不幸。

其实只是距离产生美而已：

因为你只看见他们衣冠整齐甚至化妆后的样子，只看见他们对你微笑着打招呼说“早上好”，只看见他们中的谁出门倒垃圾或者买早点甚至捧着鲜花回家。

因为不在一个锅里吃饭，不在一个屋檐下生活，你看不到对方生气发怒时龇牙咧嘴的样子，闻不到对方吃地瓜、土豆后频频放的臭屁。你看不到别人的妻子卸妆后憔悴苍老甚至皱纹纵横的模样。你也看不到别人的丈夫懒惰成性，臭袜子到处扔，或每天搓麻将，深夜才归。

设想把“自家的”与“人家的”置换一下，很可能没有新鲜多久，就会想要回到从前。

婚姻不光是谈情说爱的地方，更是履行责任和义务的地方。所以，找对了人，其实更多的是说你找了一个负责任、讲道理的人，一个肯为你和家庭付出甚至不太讲回报的人。

婚姻是战场和冷库？是旅馆和饭店？还是双方最喜爱的充满温情的休憩地和心灵的家园？取决于我们自己如何看待

和对待对方。

你牢记对方的好，你总想着对方的贡献和付出，你告诉自己对方有很多优点，你就会心满意足，看见对方就挺入眼和挺舒服，你就会对对方多一点体贴、关爱或者耐心，然后你就会收获对方的体贴、关爱和耐心，也会得到更多来自对方的肯定和认同。

你想要甜蜜，你就必须给出甜蜜，就这么简单。你如何经营婚姻，婚姻就是什么样子。说起来有点俗套，但婚姻就是这么现实。

最糟糕的婚姻是既不想离婚，又忍不住制造冷暴力。结果是对方不好过，自己也不好过，把好好的家变成了炼狱。

两个人在一个屋檐下，不能没有感情，但有时候**越是靠感情维系，越可能因为感情的变淡而一拍两散。婚姻需要的是多点理性和感恩。**

谁能把无私的爱和奉献，把浓浓的激情持续几年、十几年甚至六七十年都不变？谁能每天对着一张慢慢老去的经常无精打采的脸保持欣赏和惊艳的感觉？应该是很难的。

所以萨古鲁说，要理解对方，要站在对方的立场上去体谅对方，知道对方的优势和软肋，明白对方喜怒哀乐的根源，这样就会多一些理解和体谅。

这好比自然界不可能天天出太阳，有时会电闪雷鸣；花无百日红，人也不可能青春常在，等等。

还有任何事都利弊共存，不能既要柔软，又要强硬；既要可爱单纯，又能足智多谋；另一半既能带你到处玩乐游荡，又会帮你遮风挡雨；既能操持好家务，入得厨房，又能上得厅堂，满腹经纶；既能在生意场上呼风唤雨，还能时刻陪伴在你身边。如果能相对兼顾，已经很不错了。

写了《等待戈多》的法国作家、诺贝尔奖获得者塞缪尔·贝克特说，**婚姻的成功取决于两个人，而一个人就可以使它失败**。毕竟哪怕不离婚，如果婚内过于内卷，也是失败的婚姻。就一般情况说，一个巴掌拍不响，但双方内卷的责任是各有大小的。

法国著名作家莫洛亚说，在真正幸福的婚姻中，友谊必须与爱情融合在一起。确实，**所有婚姻内的考验，都可以用友谊来化解**。友谊不受制于婚约，而是出自内心，自觉地相互换位思考、将心比心，相互理解、尊重和感恩，于是就能天长地久。在漫长的岁月中，你给予对方爱和阳光，同时你自己也获得爱和阳光。

幸福的真相

The truth of happiness

幸福难免与物质条件有关联，但它本质上是精神层面的，所以总关乎心态、存在感、自尊和价值实现等。

在努力满足自己内心需求的同时，理解和体恤他人，是一种最好的成全，也是幸福和谐的源泉。

决定人生幸福的三驾马车：理性、情感、运气

理性和情感就像双胞胎，总是形影不离，纠缠不清。理性是篱笆，用来守护；情感是诗，是情绪的外在表现，是放纵情绪的；运气则是淘气包，是来搅局的。

务实、勤勉、节制是理性，繁衍生息也是理性，甚至自私也基本可以归为理性。人因为有私心，才有私产；私心不断膨胀，才有不断的劳作扩张等以获得更多的私有财产。很长时间以来，女性和子女也被当作私产，不断繁衍，就为了保证自己的财产能被自己的后代继承。

但私产超出了自己和后代的生存需要后，又衍生出慈善捐助。慈善是介于理性和情感之间的。因为说到底，慈善也是一种对自己有益的抉择（在保证后代及自己的生存需要和享受后，为得到精神上的愉悦而实施的）。

但情感（包括兴趣爱好）也会在社会发展中起作用，比如，有人爱研究飞机，有人爱研究炸药，也有人喜欢研究昆

虫和花草，虽然大多一开始并没想促进发展或与金钱挂钩，但最终却可以带来利益、推动社会进步。至于有些被利用来制造武器，对同类进行杀戮，那是科技的异化，是另外一个话题了。

情感一般指喜、怒、哀、惧、爱、恶（wù）、欲七种，往往带有非理性的成分。比如，贾宝玉不爱端庄贤淑识大体的大家闺秀薛宝钗，偏爱任性娇气、要葬花和看《西厢记》的林黛玉，不得如愿，被迫结婚后，宁可出家当和尚。

有些人养了很多年的孩子，发现是在医院抱错了，但却难以割舍日日夜夜、点点滴滴累积起来的深厚感情，反而对亲生孩子视同路人，真所谓“生亲不如养亲”。

理性和情感就像一对夫妻，有时卿卿我我，和谐共存；有时反目成仇，或者一方压制另一方。过于理性或过于感性，总是会有失偏颇。

受毛泽东和蒋介石推崇的曾国藩，晚清中兴四大名臣之一，成年后逐步告别不良嗜好，以圣贤为榜样，严于自律，不越雷池一步。没有一日不看书学习，每餐只吃一个菜；为免人嫉恨，把自己军功卓著的弟弟削职赶回老家。他教导老婆和孩子们都勤勉劳作，最后成就了立言、立德、立功“三不朽”，其后代也几乎个个优秀卓越。

他是理性战胜感情的榜样，但真的是苦了自己。一生都抱药罐子，得了牛皮癣、肺病、耳鸣、眼疾，总是一脸菜色，62岁就一命呜呼。

孙悟空能量大，但常常失去理性，生气的时候无法无天，所以要给他弄个金箍套住，要不然难以管理呀。

再说喝酒，有说喝酒伤肝，但喝酒的长寿的多了去了。喝酒适量的话，好处多多，让人兴奋，活血，还飘飘欲仙。

究竟理性多一点好，还是感性多一点好，说不清楚。说到底，性格决定命运，还有一个就是运气的因素也不能忽视。所以，人生有无限的可能性，不会是一种线型延伸的单一局面。

运气既不是遗传的，也无法自控，它似乎是一种从天而降的力量。但运气这东西其实也没有那么玄乎，它不过是某事件发生的一个概率而已。运气具有偶然性，但偶然中有必然。一个人持之以恒地有所作为，好运气就会不经意间降临。

运气有时对人生走向、幸福与否起着不小的作用。有人在外拼博了半辈子，一事无成，只混了个温饱。可有一天得到一位“贵人”指点，回乡承租了几百亩农田，他勤于劳作，努力经营，终于成为远近闻名的种粮大户。正是那位“贵人”给他带来了运气，改变了他的人生轨迹，成为一个幸福的人。

也常听人说，他运气不太好，突然从云端跌落了下来。

如有的人本来过着顺风顺水的幸福生活，可不知怎么的碰上了倒运的事，失去了体面又高薪的工作，婚姻随后也出现了危机，原有的幸福感荡然无存。

我们得明白，好运气不会总跟着某个人，召之即来，坏运气也不会终身都纠缠着某个人。年轻的时候运气不好，一定要相信，好运气一定会来的，到时候说不定结伴来了，只要自己不自暴自弃，在理性和感性的钢丝上小心翼翼地走好就行。

有好运气不一定有好结局。比如国内外都有很多报道，有人突然中了大奖，多达上亿元，于是人生道路开始改写，吃喝玩乐成了主旋律，但最终挥霍殆尽，弄得妻离子散。

所以**不要寄望于靠运气改变人生。运气像一个五彩缤纷的气泡，说破就破。脚踏实地，一步一个脚印地行走才最可靠。**

苏格拉底的快乐

苏格拉底被称为“西方的孔子”。

他与孔子一样，自己不写书，其言论却成了经典。国人大多是从他与柏拉图的对话中了解的他。但他和他的学生柏拉图、柏拉图的学生亚里士多德一起，对整个西方思想界产生了后人难以超越的影响。

古罗马著名政治家、哲人西塞罗曾这样评价苏格拉底：“他是第一个把哲学从天上拉回人间的人。”

因为在他以前，希腊的哲学主要研究宇宙的本质是什么、世界是由什么构成的等等，后人称之为“自然哲学”。苏格拉底认为，再研究这些问题对拯救国家没有什么现实意义。他开始研究人类本身，即研究人类的伦理问题，如正义与非正义、勇敢与怯懦、诚实与虚伪；还有什么是智慧，知识是怎样得来的；什么是国家，具有什么品质的人才能治理好国家，治国人才应该如何培养，等等。

这一点也与孔子比较接近，孔子思想的核心是仁、礼，主张“仁者爱人”“克己复礼”。在治国的方略上，推崇“德治”和“礼治”。

苏格拉底一门心思地研究学问，热衷教育，对生活享受却毫无兴趣。他的一生很好地诠释了快乐的秘诀：精神的快乐是可以超越物质的。

吃饭的时候，他不挑食，不管美味不美味，能吃饱就行。他酒量很大，平时却不喝酒，渴了就喝点水。他说：“必须抵制那些用美味诱惑你的食物，如果肚子不饿还吃东西，不渴还喝饮料，会让你的灵魂堕落。”

我想，苏格拉底如果在世，被请到中国讲学，有两个活动让他选择：吃满汉全席、会见《道德经》作者老子（假如也在世），他一定会选择后者的。

无论严寒酷暑，他常年穿着一件单衣，还经常不穿鞋、不梳洗就出门了。饭做得好坏，他都不在乎。他说：我们向往的东西越少，离神就越近。

走在大街上，各种精品琳琅满目，很多人会遗憾：那么多东西，都不属于自己。苏格拉底却说，这么多东西，都是我用不到的。他喜欢一句诗：银器、红衣，在戏剧中是好道具，在生活里却没有更多用处。

有一年，苏格拉底盖了一所房子。因为是名人建造的房子，不免引起了一番评头论足，大家一致认为这个房子太小了，与他的身份不相称，容纳不了多少人。苏格拉底却说道：假如真正的朋友能挤满这所房子，不单是我，连老天爷也会很高兴的。

他对自己约束极严。作为德高望重的老师，他深受学生崇拜爱戴。按当时的风俗，学生成为老师的情人很正常，但是据学生说，他被要求与学生一起过夜，学生多次挑逗，他却不为所动。

苏格拉底说："我的母亲是个助产婆，我要追随她的脚步，我是个精神上的助产士，帮助别人产生他们自己的思想。"

有一群年轻人到处寻找快乐，但是，却不能如愿，他们向老师苏格拉底询问："快乐到底在哪里？"苏格拉底说："你们还是先帮我造一条船吧！"

年轻人暂时把寻找快乐的事放到一边，用了七七四十九天，锯倒了一棵又高又大的树，挖空树心，忙碌一阵后造成了一条独木船。独木船下水了。年轻人把老师请上船，一边合力荡桨，一边齐声唱起歌来，非常快乐。

苏格拉底道：**"快乐就是这样，它往往在你为着一个明确的目的忙得无暇顾及其他的时候而不知不觉地来到。"**他认为世界上最快乐的事，莫过于为理想而奋斗。

他经常把自己比作雅典的一只牛虻，因为雅典好像一匹慵懒的骏马，需要他这只牛虻紧紧地叮咬和刺激，让它从昏睡中猛醒并焕发出生机与活力。

可他这只牛虻不仅没得到应得的荣誉，还把统治者恼怒了。雅典法庭给苏格拉底定下了三宗大罪："侮辱雅典神""引进新神"和"腐蚀青年思想"，最终被执行死刑。

苏格拉底本有机会逃走，但却义无反顾地接受法庭的死刑判决，在狱中饮鸩自杀。临终还让学生记录他临死的状态，把自己当作实验品，不放过一丁点探究人生的机会。

在他看来，如果自己逃跑了，一方面会违背自己的信仰，另一方面会损害雅典城邦法律，令其失去权威，所以哪怕活着也是不快乐的。所以他最终选择慷慨就义，就义时70岁，最小的儿子才刚刚懂事。

孤独与寂寞

孤独和寂寞特像，看起来像双胞胎似的，其实很不一样。

寂寞，是感到孤单，是有点无聊，所以是比较暂时的；与“寂寞”相搭配的词是“打发”和“排遣”，打发寂寞和排遣寂寞。因为寂寞是通过一些与他人的交流，通过让自己忙于劳作，或去锻炼、出一身汗，或去购物转移情绪，等等，就可以缓解和排解的。

英语里表示孤单的词，比如，isolated；lonely，孤立无所依附；alone，孤单，独自一个人，总觉得更像是寂寞，是可以寻求改变的，比如通过寻找依附和伴侣，从而摆脱。

孤独则是心境，是loneliness，它表示一种持久的甚至恒在的状态，一种自成一体的状态。是心里有缺失，要与内心深处的不安和无力感较量，甚至是克服自己都难以察觉到的隐隐约约的莫名其妙的焦虑。与“孤独”相搭配的词是“克服”和“消除”，这就与“打发”和“排遣”不一样，是不容易做到的事。

一些很消耗时间的活动，比如看电视连续剧，打扑克，搓麻将，甚至穿戴好了去自拍，等等，可以消磨大半天的时间，都只能暂时让自己快乐一下，难以根本上消除孤独。

会喝酒的人喊几个好友，一起推心置腹地、海阔天空地尽情诉说，一起喝得很嗨，喝得醉醺醺的，都不知自己身在何处，却还是不能消除孤独，甚至让自己更孤独。因为酒醉会醒，醒来后一切如故，就会有一种幻灭感吧。

哪怕你在旅游，静下来还是孤独。“良辰美景奈何天”，说的就是这个意思吧。

所以，伊壁鸠鲁说，被迫置身于人群的时候，往往是最应该自守孤独的时候。罗兹也说过，**一个人没有朋友固然寂寞，但如果忙得没有机会面对自己，可能更加孤独。**

我们不妨来比较一下古人的诗句里的孤独和寂寞：

李清照的“一种相思，两处闲愁。此情无计，可消除。才下眉头，却上心头”，是寂寞，是月满西楼、雁字回时触景生情的寂寞。只要能收到想念的人的锦书，或能见上面，寂寞就立马消除了。

陈子昂的“前不见古人，后不见来者，念天地之悠悠，独怆然而涕下”，这是孤独。因为在此生，他无论怎么努力，都不可能改变这种状况。这种孤独其实是超越时空的，因为每个时代真正孤独的人都会有这种共鸣和通感的。

细细体味，**孤独其实是缺乏存在感，是内心对自己生命意义和存在有缺失感，它隐含着一种无力和无奈，它是与生俱来的。因为人说到底是难以彻底实现自我追求，彻底摆脱生之困境的。**

心理学家罗洛梅说：存在感是通向人的内心世界的核心线索。存在感越强、越深刻，个人自由选择的范围就越广，人的意志和决定就越具有创造性和责任感，人对自己命运的控制能力就越强。反之，当一个人丧失了存在感，意识不到自我的存在价值，就会听命于他人，不能自由地选择和决定自己的未来，就会导致心理疾病。

哪怕伟人，在晚年时，都会有无力感，都会觉得人生是有遗憾的，更不用说我们普通人了。

这种孤独，往往是在经历了人生的全部悲喜，而又不沉沦于此悲喜，甚至不把自己视作个体，而是作为一个宇宙万物的观者以后产生的终极孤独。

在时间的长河中，在浩瀚的宇宙中，人是微小的，人生是短暂的，人是无法摆脱其局限性的，所以不能不孤独。

有一种说法，当一个人孤独的时候，他的思想是自由的，他的精神世界可以海纳一切。他面对的是真正的自己，人类的许多思想都源于此处。因为他的内心没有纠缠于太具体的东西，是比较空灵和高远的。

认识到孤独的缘起，就可以学会与孤独共处，甚至享受孤独，把孤独看作自己的最忠实可靠的精神伴侣，可以一起游遍千山万水，阅尽人间春色；也可以与它一起最终告别这个世界，从而努力让孤独显得不那么孤寂。

孤独与寂寞往往混合在一起，难以分开。

李白的“花间一壶酒，独酌无相亲。举杯邀明月，对影成三人”，既是寂寞，也是孤独，两者兼而有之。

那么如何消除孤寂呢？

让自己与世界万物建立更密切的关联，让自己更多一些爱的对象和付出：一本书，一朵花，一片云，一声鸟鸣，甚至一张蜘蛛结的网，都可以让自己与世界建立联系。无怪乎有很多人在人群里感到孤独，但在大自然中，却感到内心丰盈。

消除孤寂一定是要做一些事情的，做一些自己认为有意义的事情，像有些人去做志愿者，包括去寺院做义工，也包括养育孩子、给家人烧有营养又好吃的饭菜，等等。因为这些都可以排遣寂寞，也关乎人生的意义和价值。

佛陀如果只是自己悟道而不努力传道，他会孤寂吗？萨古鲁只是打坐，做瑜伽，让自己身心愉悦，而没有建立一个组织体系去广而告之，去传播保护地球、爱护生命等理念，会孤寂吗？肯定会的。

那会不会是自己把自己想得太重要，所以才会孤寂呢？有一说，大千世界，要啥有啥，有你没你也没关系，每个个体都微弱渺小，可有可无。孤独是自己被洗脑以后自作多情。

问题在于：**世界未必需要我，但我需要世界；我们可以不作为，作为了也仍然会死掉，哪怕有人记得自己也毫无感觉了，但是作为本身，作为的过程，是可以让自己活着的时候充实和愉悦的，无论是大作为还是小作为。**

没有存在感就没有幸福感

人为啥要做事？为了保持可贵的存在感。

尼采说，人之所以伟大，是因为他是一座桥梁而不是目的。

人的价值在于对他人、对社会有用。一朵花独立开在幽谷里，如没人看见，再漂亮也只好孤芳自赏了，直到慢慢凋谢。

罗洛梅说：存在感是通向人的内心世界的核心线索。看待一个人，尤其是其心理健康状况如何，应当视其对自身的感受而定。存在感越强、越深刻，个人自由选择的范围就越广，人的意志和决定就越具有创造性和责任感，人对自己命运的掌控能力就越强。

反之，当一个人丧失了存在感，意识不到自我的存在价值，就会听命于他人，不能自由地选择和决定自己的未来，就会导致心理疾病。

心理学家总是能说到点子上。**有时候，我们以为自己太执着，是一种病，其实如果是为了追求和满足内心的存在感，那么这种执着就是治病的良方。**

罗洛梅还说过，“人是被抛到这个世界上的，人要现实地接受世界中的一切，也就是接受自己的命运”。但接受与逃避不同。逃避是不愿承担自己作为一个人的责任，从而使自己生活在迷茫中，失去人生的意义和价值。这不仅得不到快乐和解脱，反而会更痛苦。

每个人都有存在感，包括退休居家的人。越是对自己要求高的，越可能感到孤独，因为越容易产生存在感的缺失。这种因为存在感缺失而产生的孤独是很难消除的。深探内心的症结，读懂焦虑，直面焦虑，知道因何而起，就找到病因了，就可以对症下药。知道这是人类共有的、毫不奇怪的，心里就会多一些释然。

所以一个人成年以后，能找到自己擅长又能体现存在感的事情很重要。萨古鲁说：**把生命投到它值得的事情上，如果能做到，就不会有孤独感了。**

有些人患上痴呆症，倒是可以抵抗存在感的消失，让自己彻底忘记一切，彻底摆脱焦虑。国民党将领黄维被俘虏后，在监狱里研究那莫名其妙的永动机。不研究，他的心里会更空落落的。

所以，**幸福的秘诀，就是让自己觉得自己有用。要幸福就要贡献；要获得爱，就要去欣赏和付出。**这确实能让我们从根本上获得幸福，愉悦地承担应有的责任，积极面对人生的各种挑战。

“只为自己活着”的刘安走了

年轻、美貌、富有，又特有胆魄的刘安走了。这种离开似乎是她这个妥妥的“富二代”自己预谋的：

——她跳落后没有打开降落伞，一直两手贴着裤腿，呈自由落体姿势；

——经验丰富的她没有带应该带的两个GPS，也没有带一直随身带的粉色布娃；她在快速下坠前曾回眸一瞥，冷静安详。

她曾经留言：“我是为自己而活，我不后悔自己的选择，我会坚持我选择的路。”

只为自己而活，自然想死就死，生还是死，都是她一个人的事。

从18岁开始，她就玩单板滑雪、自由潜水、冲浪、风洞飞行、跳伞，在极限圈里赫赫有名。后在北京某大学读书，但很少上课，经常辗转世界各地景区训练和比赛。

玩翼装飞行前要有200次的跳伞经验，致死率30%。玩这个的全世界就600个人，完全是富人游戏，光培训费就需要几十万元。

不禁想，是不是拥有太多，就麻木了，认为一切都稀松平常?

她不知道多少女孩为了一件漂亮的衣服，要节衣缩食;多少孩子因为贫困，买不起学习用书；有多少女孩在花季早早就为了一两千元一个月的工资，起早贪黑地上班打工。

她的飘逝留给世人大大的问号：为什么家境优渥、生活富足，外貌姣好，定力、意志力都超乎常人的她，专爱极限运动，毫不怜惜自己年轻而宝贵的生命。

或许是看破红尘，厌倦人生?或许是曾经失恋并受伤，心生绝望，生无可恋?这些都不得而知，只是猜测。

才20多岁，即将大学毕业，就毫不犹豫地画下了自己的生命休止符。

她难道不知道，她的生命不是她自己一个人的，其实她亏欠父母很多。如果她是以自己的行为惩罚别人的错误，那就太傻了。为啥就不能选择一种更好的方式，一种大家都能赢、都能变得更好的方式?

她一定是把未来想悲观了。其实，连死都不怕，还有啥好怕的?太阳底下，一定会有很多光明和爱的呀！生命是有无数种可能的呀！

原以为她太自私，其实不是。她很有爱心。她已经提前签署了遗体捐献书。

她似乎在说：我没啥财产，家里的钱都是父母的，我做不了主。我只有这具身躯。现在我要离开了，没有为社会做过贡献，那就让我把身体留给医生，有啥能用的都拿去吧。能给盲人一双明亮的眼睛，能给心脏坏了的病人一颗年轻的心脏，也是好的。

多有爱心的姑娘啊！临走她不念着自己的父母，却念着不相识的他人，念着这个跟她以后毫无瓜葛的人世。

刘安走了，似乎是她的个人行为，但是我们是不是要反思：

我们的教育，家庭教育、学校教育有没有问题？我们的父母和老师有没有以身示范、言传身教，起到很好的榜样的作用？我们的社会价值观的宣传是不是真的有效和到位，还是有辛辛苦苦、兴师动众却流于形式的成分？我们的感恩教育和爱的教育是不是从幼童开始并深入人心？我们对孩子的挫折教育是否重视，父母是否只想着给他们最好的，为他们铺平成长的道路，准备好一切所需，却不知道应让孩子自己奋斗，经受挫折和锻炼，变得日益坚强，获得自己想要的一切？

我想，这个女孩如果能献身于她自己擅长的和钟爱的又能为大众谋利益的事业，一定会是很杰出的！可是她没能走上这条道，却早早地、毅然决然地结束了自己如花般的生命，不禁令人唏嘘。

或许，她是错在一个判断上："我只为自己活着。"

她既然会做遗体捐赠，说明她对这句被一些人推崇的"人生格言"是怀有很多纠结的，甚至是痛恨的。如果她能得到好的引导，她一定会向阳而生的。以她的定力和胆魄，说不定会给父母和世人带来很多的惊喜。真的太遗憾了！

她的早逝也喻示世人：**财富与幸福是不能画等号的。**

人世间有不吃苦的吗?

电视剧《人世间》中，一家三兄妹的人生际遇几乎穷尽了世间众生的生活样态。

老大、老二很出息，都北大毕业。老大丈人是省长，自己是高官，仕途虽比较顺畅，但一直都有精神压力，生怕有失应有的担当，而且因为妻子原因膝下无子，还得替妻子遮掩，跟父母说是因为他自己不能生育，心里很苦。

老二是美女，很会读书，北大研究生毕业，却是吃不了精神的苦的书呆子一个。曾在19岁追随心爱的诗人到贵州，死活要嫁给他。她在大学当教授，却一直分不到房子。好朋友出面替她走关系，没成，她竟然把送的礼要回来，原因是看不得有人拿了东西不给办事，从此断了分房的路子，直到负责分房的主任调离。因为总住12平方米的房子，只能一直把女儿寄养在弟弟家，作为母亲，她跟女儿一点也不亲。丈夫总说她不知道怎么当母亲。

老三不会读书，但特别有情有义。娶了被强奸未婚先育的漂亮贤惠的女子，他为她生下来的孩子顶替做父亲。老三厚道、勤快、诚实，就是不精明，买了不通过正常交易的房子，拿不出凭证，房子被收回，一家人搬回他爸妈的老房子。

那个在醉醺醺状态下强奸女子的人，本性也不是很坏，就是管不住自己的冲动。他一直吃苦耐劳，走南闯北，成了著名企业家。他的烦恼，是自己不能生育，想要回自己的孩子，把自己的家业交给自己的血亲，但就是难。因为不能公开说这孩子是他的呀，没法解释呀；说出去，那孩子、孩子母亲和她丈夫脸上都挂不住啊。

唉！

这人世间，会读书的，不会读书的；会赚钱的，不会赚钱的；追求金钱的，重精神的；有地位的，没地位的；有孩子的，没孩子的，似乎都有说不出的各自的苦。不管是别人看着特凄惨的，还是看起来光鲜亮丽的，其实，自个的苦，只有自己知道，正如各自的快乐，也只有自己知道。

老二的女儿曾经在老大妻子的娘家（也就是省长家）暂住，见多识广且自己也是干部的省长夫人说："那孩子在我们家住惯了，以后怎么办？"

真的很有智慧！人可以一直受苦，但享了福后再受苦，那就惨了。

老三媳妇的弟弟是出家人，说了一句很经典的话：世界上什么都会改变，只有因果不会变。

但是，为什么世上有那么多好人没得到好报呢？

太多太多人，真的很善良，有的甚至很完美，但是阴差阳错，似乎运气特别差。佛教徒会说，这是上辈子造的冤孽。上辈子做了什么，我们也没法查证，那是为果找因的一种托辞。我们只能说，**“做好人”与“得好报”之间没有因果的必然性，或者说这不属于哲学上因果律的范畴，而是一个伦理学和社会学问题。我们只能尽量做好自己。**

一部表现人世间有很多苦的电视剧，却在故事情节中展现了很多温情和纯真，以及很多的风骨和正气，可能就是因为作者相信因果吧。

回到正题，人间有不吃苦的吗？没有，但有苦也有甜，任何人都一样。

既然都免不了吃苦，如何看待苦难，就在一定程度上决定了人生的厚度及幸福与否。

每朵花都是“上帝”的宠儿

每朵花都是“上帝”的宠儿。

或许你不知道自己什么时候会“开花”，但是“上帝”知道。也许早一点，也许晚一点；也许多一些，也许少一些，只要你能找到适合自己的土壤和环境，总有属于自己的花期。

有些花很大，如绣球花，热热闹闹，花团锦簇的；有些花看着小小的，很不起眼，有点羞涩的样子，但是特别香，比如米兰、幽兰。

有些花很惊艳，似乎天外来客，比如昙花，但来去匆匆，似乎就为了让人们久久地期待，痴痴地怀念。

有些在春天绽放，像是春的使者，比如二月兰和迎春花，每年看见它们就分外欣喜和激动，因为终于告别了漫长的寒冬。

有些盛放在最热的夏季，比如荷花，粉嫩的，或洁白的，出淤泥而不染，娇嫩而端庄，不知道为什么要凑这样热的天气，是因为需要特别多的阳光吧。

有些是秋之子，比如桂花，细如米粒，却芳香扑鼻，默默地吸纳了整整一年的阳光雨露，等到终于可以奉献的时候，就毫无保留；还比如菊花，陶公的最爱，圣洁孤傲，在秋风秋雨一阵紧似一阵的时节，在百花行将凋敝的时候，开得热烈而庄严。

有些大冬天才开花，比如蜡梅，凌寒独自开，花朵小小的，但精气神十足，暗香沉郁，根本无惧严寒，连下雪结冰的时候都不会凋谢和萎靡。

有些花开在野地，似乎是贪玩的小孩，不喜欢被关在家里。

有些则开在悬崖上傲霜斗雪，在一派萧条的环境里独自盛放，华丽得超凡脱俗，如冰山雪莲。

还有些开在海里，那是浪花，逐浪盛放；有些开在蓝天，那是雪白的云朵。甚至有开在冰里的，那是美丽的冰花。

花似乎无处不在，无时不有，因为大自然从来不会摒弃美和美的使者。

于是，世界上就充满了期待和惊喜，充满了寻觅、守望和不变的承诺。

所有的花争奇斗艳，在属于自己的家园和季节里自由开放，各有各的身姿，各有各的风情，各有各的生命周期。

对了，还有一种花，你看不见，那是心花，开在心里。

这是世界上最廉价又最金贵的花。说它廉价，是因为一句暖心的话，一个问候，就能让她悄悄开放；说它金贵，那是因为有时候花很多很多的钱也买不到。

浇灌心花的，不是阳光雨露，而是你的努力勤奋，是你的温厚善良，是你的春风化雨，是你的宽容为怀，宽恕自己，也宽恕别人。因为人非圣贤，人无完人呀。

你勤奋，所以无忧；你善良，所以才有佳酿；你能宽恕，所以少有芥蒂。一颗心很轻很轻，还有点甜丝丝的味道，自然就开出幽幽的心花来了。

有些人，“上帝”赋予他很大的能量，几乎无所不能，因此他得到了别人难以企及的很多享受。比如资产多到能进入福布斯排名，至于昂贵的别墅、上千万元的车子都不在话下，身边也美女环侍，还都是名校MBA毕业的之类。

别人看着他们像是天外来客、孙悟空再世，其实只有他们的家人和亲友等才会知道，他们其实承受着普通人难以承受的压力，一直都很辛苦、很操劳，连晚上睡觉时，脑子都不会闲着的。你想，每一次投资都是几亿元、几十亿元，也都要向银行贷款，万一投资失败，不也可能前功尽弃？

就像这一次新冠疫情来袭之前，很多人花巨资投入旅游业、餐饮业、影视业，谁会想到，疫情在全世界流行两三年还不肯歇息。所有那些投资都打了水漂，连利息也收不回来啊。

每投资一个项目，总要筛选无数个项目，否定无数个项目，然后才能看中一个。然后再做周密的可行性分析，方方面面都不能疏忽。似乎万无一失了，但人算不如天算，谁能保证一定会投资成功？毕竟天有不测风云啊。所以能不战战兢兢，如履薄冰？

有些人似乎普普通通，甚至日子过得紧巴巴的，而且总是很辛苦，没有空闲的时候，但是，他或许会有很多别人不知道的快乐，比如有无话不谈的朋友，比如有很多的天伦之乐，比如有特别好的睡眠和胃口。每天睡到自然醒，吃饭时，喝一口小酒，就着花生米，能品出茅台的味道。早上一副大饼油条，总能咀嚼出香甜来。孩子们的调皮捣蛋，更让他常常忘记了忧愁。

所以，**在“上帝”眼里，每个人都是花朵啊。**

世界之最

世上最美的，是纯真无邪的如圆月般的笑脸；

最圣洁的，是婴孩清澈无比、毫无杂念的眼神；

最欣慰的，是烦恼消除后的放松和宁静；

最美味的，是母亲拿手的普普通通的家常菜，尤其在劳作后饥肠辘辘的时候热腾腾地端上来；

最享受的，是倒头就睡、起夜后也即刻睡去的无梦的睡眠；

最安泰的，是相信有人会一直爱你疼你；

最滋补的，是无愧无恨的内心；

最永恒的，是无怨无悔的亲子之爱；

最难得的，是阅尽人间悲喜剧后依然保有一份对万事万物的温暖如春的爱和喜悦。

成功的真相

The truth of success

人人都向往成功，但不偏颇，不妄求，珍视生命，着眼长期性，兼顾方方面面的和谐和安宁，特别重要。

活成一束光，实现“他者贡献”，似乎很崇高和遥远，但只要尽自己的能力，心怀爱意，做一个一生向阳和追求真善美的人，也不是很难。

生命的意义：活成一束光

生命的意义是什么？换句话说就是，我们为什么活着？

这是每个人都会问自己的，哪怕没有正儿八经地想过，但其实，在你感到无聊和悲哀的时候，内心深处是有这个疑问的。

苏格拉底曾说，**未经省察的人生，是不值一提的。**有人说，人既然如蚂蚁一样来到这个世界上，忽生忽死，忽聚忽散，短短数十载，该自在就自在吧，该潇洒就潇洒吧，各自完成自己的一段生命，这就是生存的全部意义。

问题是我们怎么样才自在？怎么样算潇洒呢？

每个人是不一样的，有些人觉得很潇洒的事，另一些人会很自责；有些人觉得很自在的生活，另一些人会觉得很别扭。

与之类似的说法："活着就是努力寻求快乐"，但是怎样才会快乐，每个人的体悟也都不一样。

真的没有统一的答案？其实是有的。用马斯洛需求层次理论，可以全部囊括。他把需求分成生理需求、安全需求、爱和归属感、尊重、自我实现五类，依次由较低层次到较高层次排列。

最基本的就是生理需求和安全需求，能够吃喝不愁，有安全感；然后是希望得到爱，有精神上的归属感，其中的爱包括男女之爱和亲情。

但仅仅吃饱喝足是不够的，有男女之爱也是不够的。俄国的唯物主义哲学家赫尔岑就说过：人不是仅仅为了爱而生存的。难道男人的全部目标就是为了控制某一个女子，而女子的全部目标就是为了左右某一个男人吗？从来不是！

人还希望受人尊重。“尊重”，看起来是很普通的字眼，但要获得尊重，其实不是那么容易。因为它是要他人发自内心地对你的品行和能力有一个好的评判，并心生敬意，这是需要不断学习、不断努力、不断进步才能实现的。

最难的是自我实现，那是首先要认识自己，知道自己的长处和内心的渴望，然后能百折不挠地实现自己的渴望和理想，发挥自己最大的价值。

同一个人，在不同的阶段，需求和状态也会很不一样。吃喝住成问题，没有安全感的时候，其他的需求，往往排后面了。所以这五个需求是层层递进的。

但有人是逆着走的，比如写《平凡的世界》的路遥，一穷二白的时候，疾病缠身的时候，没命地写，废寝忘食地写，小说终于出版并获奖，还成为新一届陕西省作协主席，但穷到去北京领奖都没有路费。是他弟弟辛辛苦苦帮他筹钱，弟弟送他到火车站的时候还跟他吐槽：以后你得了诺贝尔奖，要去国外领奖，怕是没有外汇呢。结果路遥好日子还没过，第二年就因肝硬化去世了。

所以生存和安全需求应该是第一位的。

余华的《活着》写道：人为了活着本身而活着，不是为了活着之外的任何事物而活。余华接受采访时说，奋斗是为了躺平，先奋斗后躺平。似乎也是倒过来了。于是别人打扑克，他在刻苦写作。好在他吃喝不愁，身体也好，生活遭遇就没路遥那么惨。事实上他并不是躺平派，因为他一直很勤奋，成名后也一直在奋斗，不停地创作。

而且**同样是躺平，奋斗过的躺平和没有奋斗过就躺平，结果和意义都不一样。**

余华的小说《活着》《许三观卖血记》《兄弟》《第七天》等，都获得了很高的奖项和荣誉。说到底，他其实是追求自我实现的。一个人不能看他说什么，而要看他是怎么做的。

“活着的力量不是喊叫，而是承受，承受一切来自生命的责任，和最深的孤独。”这种尽责的态度其实就是余华的态度，也是最值得尊重的人生态度。

撒古鲁也总是告诫要关注生命本身，凡是让生命变得扭曲的都要抛弃。但他自己其实不仅仅关注个人的生命，探索生命的深层维度，还关注他人的生命及喜悦与否，并因而成为影响世界的名人。

因为太多的现代人找不到喜悦了，90多岁的历史学家许倬云说过一句话：现在全球人的普遍问题是找不到生命的意义，活着没有意思。

但活着很有意思的人依然也很多，比如很多兢兢业业的小人物，也比如一直在做慈善的成功人士，如巴菲特和他的好友芒格、墨菲等，都90多岁了，活得很开心自在。墨菲96岁时感染了新冠肺炎，还恢复过来了。

写过《人为什么活着》的稻盛和夫，虽然笃信佛教，但是却很积极进取。他说，人活着就是为了实现内心最强烈的渴望，人生的意义在于提升心性，磨炼灵魂，努力做到：今天比昨天做得好，明天又比今天做得好，每一天都付出真挚的努力、不懈的工作、扎实的行动、诚恳的修道，这样看似很傻的过程，却能越来越靠近你内心渴望的东西，使人生有了价值。

心理学大师阿德勒则说，并不存在普遍性的人生意义，人生的意义是自己赋予的。他的建议是通过“他者贡献”来找到。“他者贡献”就是对他人做出贡献。无论他人如何反应，先由你开始，你先做出对他人有价值的事情，你的人生就会不一样。因为“只要能产生我对他人有用这种主观上的贡献感，就有了幸福感”。

存在主义心理学家欧文·亚隆说，每个人都要面对人生的四大根本命题：死亡、孤独感、自由与责任、生命的意义。他认为，对抗死亡的一个重要办法是影响力，就是让自己留下不死的东西，这样就虽死犹生。对我们绝大多数人来说，追求永恒太虚妄，因为根本不可能，但是“他者贡献”其实可大可小，是每个人都可以做到的。

概括起来就是：**人要活成一束光，光够亮，就福泽四方；光微弱，就惠及身旁。**“惠及身旁”谁都可以做到。所以，无论谁，只要自己努力，都能摆脱生之无聊和内心的空虚感。

生命的意义是自己赋予的

所有生命中，只有人会追问，我为什么要活着？为什么必须活着？我们该如何活着？

作为从纳粹集中营的尸骨堆里爬出来的心理学家、精神病学家，维克多·弗兰克尔最具影响力的观点是：

一些不可控的力量可能会拿走你很多东西，但它唯一无法剥夺的是你自主选择应对不同处境的自由。你无法控制生命中会发生什么，但你可以控制面对这些事情时自己的情绪与行动。

在人的一生中，集中营那样的噩梦或许不会出现，但是像疫情一样突如其来的不可控的劫难，或大或小的，也都是难以避免的。

据统计，美国自杀的人数已经超过交通事故死亡的人数。那都是因为没有找到人生的意义，所以才辜负了母亲的十月怀胎、十几年如一日的辛苦养育，才辜负了宇宙中美丽而稀缺的地球，才错过了可能会有的爱和享受，也辜负了自己应尽的责任。连死都不怕的人，竟然害怕活着！

弗兰克尔的《活出生命的意义》竟然售出了1200多万册，帮助无数人重新激发起生活的热情。他自己的人生也因此达到了难以想象的高度。

书中说，研究者有一个结论，90%的酒精依赖患者都有深刻的无意义感；100%的毒品依赖患者认为，生命中的一切事情看来都没有意义。

其实，生命的意义是自己赋予的。人是历史长河中的沙尘，人生很难说有绝对的意义。

但苏格拉底说，人生的意义在于过自己认为有意义的人生。那么，意义来自哪里？来自于责任感。当我们提升自己的责任感的时候，意义就产生了。

所以维克多·弗兰克尔倡导：人要努力为有价值的目标和自由选择的任务奋斗。如果人不能负责任地生活，他的自由会堕落成放任。所以他觉得光有自由女神像是不够的，应该配有责任女神像才是完整的。

为了照顾父母，在法西斯快要侵占自己的国家时，弗兰克尔放弃了逃往美国的机会，选择留在了维也纳。他曾经跟父亲待在同一个集中营里，利用精神病医生的身份获得看守的敬重和特殊照顾，想方设法给父亲弄到一些吗啡，减轻其痛苦。在父亲临终时，他守护在父亲身边，这或许是上帝对他的奖赏吧。

而我们如果能对社会、对他人有责任感，我们也因此获得了更广泛的生存的意义。

弗兰克尔说，人不同于物，人最终是自主决定的，他现在成为什么，在天赋与环境的限度内，都是自主决定的结果。人类做出的选择应该是积极而不是消极的，比如滋养内心的自由，拥抱自然、艺术和文学之美，感受对家庭和朋友的爱，等等。

有一次，有人请弗兰克尔用一句话概括他本人生命的意义，他把答案写在纸上，让学生猜。一个学生写下了这么一句话：

生命的意义，在于帮助他人找到他们生命的意义。

弗兰克说，一字不差，你说的正是我写的。

致敬！像樟树这样的人

樟树是很普通的，哪儿都能见到。

它很不起眼，一年四季都穿着同样的衣服，暗绿的，款式也普通，唯恐引人注目似的。

其实它很耐看的，尤其是初春的时候：天上下着若有若无的细雨，透明的雨帘中，湖边、山下，抑或小小的林荫道旁，一排的樟树，树干是清一色的湿润的黑褐色，把舒展着的轻烟般的翠绿的叶子陪衬得如梦如幻。这时你假如正好路过，边走边看，会越看越觉得美妙，深感大自然真的是妙手丹青！

到了夏天，很多树都开花了，花骨朵缀满枝头，花香四溢，引得蝴蝶、蜜蜂纷纷前来采蜜，热闹非凡。

樟树也会开花，但它的花朵很小，才3毫米左右，几乎看不见。花朵的颜色是绿白色或者是淡黄色，好像是不好意思张扬自己，故意要隐匿起来似的。

到了秋天，很多树结果了，果香四溢，下自成蹊。樟树也结果了，它的果实虽不能直接食用，却有药用价值，能祛风、散寒、化滞。

冬天到了，北风送来了阵阵寒气，树友们都告别了辉煌的时节，叶子由绿变黄，由多变少，最后都光秃秃了，树枝干裸着，孤独而萧肃，时时提醒着冬的寒意和乖戾。

樟树则不然，它依然满树绿叶，叶子细而茂密，一点都没有凋敝和枯萎的样子。每一个经过它身边的人，都会被它盎然的活力和生机所感染，会觉得冬天其实也不是那么萧瑟，冬天其实也不是那么难熬。

樟树的一生不张扬，不邀宠，不喧哗，不随波逐流，也不惧天寒地冻。不管风吹雨打，它总是岿然不动，总是坚如磐石，时刻不忘给周遭带来永恒的绿意和生机，还飘散出幽幽的香味，净化空气和环境。

别以为它很古板，就以为它懒惰成性，不思进取。其实它一直在新陈代谢，它一年四季都在吐故纳新，悄悄地、不断地，把小小的、有点干枯的叶子凋落，长出一片片绿色的新叶。

正因为它时时刻刻都记得除旧迎新，从不因为年长年老而改变更新的速度和节奏，这才保证了它一年四季都是鲜活的，都是绿意盎然的，哪怕几十年几百年都不会苍老和凋敝。

有时，它生活在大水滔滔的江边，每日吸吮着大地甘甜的乳汁，绿色的密密的树冠舒展开来，像一把硕大无比的凉伞，给人们一处休憩的绿荫；像张开双臂的母亲迎接游子归来；又像一个好心的老者，无私地为每一个经过的路人提供荫庇。

有时，它的家园被侵占了，因为城市规划的需要，周围的姐妹弟兄都被清理了，只因为它充满生机和四季的翠绿，被保留下来。

于是它就在四通八达的马路中间，兀自站立，独自忍受着尘土和汽车尾气的骚扰和侵袭。

但它毫无怨言，也从不萎靡不振，依然舒展着身子，站成一道令人眼睛一亮的独特的风景，让过往车辆里的人都能一睹它一年四季不变的风采。

由于香气沉郁，它又被称为香樟木，以它为原料的各种制成品可以驱虫，存放在衣柜里，所有的衣物闻起来都有幽幽的暗香，久久不会散去。

在每个家里，在每个团队和单位，我们如果静下心来体察，就不难发现不少像樟树这样的人：默默无闻、勤勤恳恳、任劳任怨地劳作着、奉献着，发挥着骨干或支柱的作用。

让我们不要忘记他们，不要低估和轻视他们，并记得对他们说句：谢谢，谢谢您的默默坚守与奉献！

科学家：国之栋梁

说到成功，不能不说到一个通常默默无闻的群体，那些为国家做出重大贡献的科学家，他们是国之栋梁，能够载入史册。

科学家群体，就是国家的CPU。没有科学家，一个国家就没有了科技创新的中央处理器，没有了未来，看不到希望。为了让我们的国家能屹立于世界强国之林，让我们的人民不再受人欺负，科学家们奉献了他们的超强大脑和毕生心血。

他们中的很多人放弃国外优厚的待遇，回到曾经一穷二白的祖国。

钱学森，被誉为“中国航天之父”“中国导弹之父”“中国自动化控制之父”“火箭之王”等。正是他带领团队，让中国“两弹”得以升空。

他本来在美国有大好前程。1947年，36岁的钱学森被聘为美国麻省理工学院的终身教授。但为了报效新生而落后的祖国，钱学森毅然提出回国申请。美国当局把他当作“间谍”，关押在一个孤岛上。钱学森宁死不屈，直到五年后，在周恩来的斡旋下，才得以回国。

著名地质学家李四光，也是应祖国的召唤回到故土。他说：“我是炎黄的子孙，理所当然要把所学到的知识，全部献给我亲爱的祖国。”作为中国地质力学的创立者、现代地球科学和地质工作的奠基人，李四光在地质领域的贡献，对于新中国可谓是雪中送炭。从研制“两弹一星”所需的铀矿，到发现石油，让中国摘掉“贫油国”帽子，再到地震预测，李四光都功勋卓著。

苏步青早年在日本获得博士学位，他谢绝了日本高校的高薪聘请，毅然回国。在浙江大学执教的他，竟一连四个月领不到工资，而当时日本帝国大学还为他保留半年的工资，请他重返日本任教。苏步青一口回绝道：我要留在自己的祖国。祖国再穷，我也要为她奋斗，为她服务！

著名数学家华罗庚在1946年应邀到美国讲学，很受美国学术界器重，伊利诺伊大学以1万美元的年薪，聘他为终身教授。华罗庚不仅有了小洋楼，学校还给他配备了四名助手和一名打字员。但1950年，华罗庚毅然抛下一切，排除万难回到祖国。他还写了一封《告留美同学的公开信》，热忱地呼吁：“为了国家民族，我们应当回去！”

他们中有的不仅献身科研，还身先士卒。1986年7月29日，著名科学家、“两弹”元勋邓稼先因癌症晚期，全身大出血逝世。1979年在一次原子弹实验时发生事故，导致原子弹弹身被摔裂，材料泄漏。邓稼先独自一人穿上防辐射服前去排险，受到严重的核辐射。这些核辐射堆积于他的体内，才导致癌症。

抛妻别子，离开大城市，走进大漠和深山老林，几十年如一日献身科学的就更多了。黄旭华被誉为“中国核潜艇之父”，他隐名埋姓，经30年苦心研究，使我国第一艘核潜艇顺利下水，让中国成为世界上第五个拥有核潜艇的国家，他这才再见到自己的亲人。30年中，年老的母亲一直不知道他从事怎样的工作，没能收到一丁点关于他的音信。

于敏被誉为“中国氢弹之父”，不仅填补了中国在原子核理论领域的空白，而且独创性地发明了“于敏结构”，使得我国在氢弹领域迈入了世界先进行列。还有“中国卫星之父”孙家栋；在应用数学、力学、物理学等领域都有重要成就，1999年被追授“两弹一星功勋奖章”的钱伟长；中国“两弹一星”元勋钱三强；中国科学院院士、中国近代力学奠基人和理论物理奠基人之一周培源；中国科学院院士、桥梁专家茅以升；中国重化学工业的开拓者、近代化学工业的奠基人之一、世界制碱业的权威侯德榜，等等。

共和国不应忘记的还有“中国的居里夫人”、“两弹”功臣中唯一的女性王承书。她原本是国际物理学界闪闪发亮的新星，回国后，一度消失在国际学术舞台，告别丈夫孩子，去了大西北的气体扩散厂，集体宿舍一住就是20年。她殚精竭虑，为我国第一颗原子弹提炼出必不可少的高浓缩铀。

2021年刚刚去世的杂交水稻之父袁隆平的事迹更是传遍祖国大地。他发明出了“三系法”籼型杂交水稻、“两系法”杂交水稻，创建了著名的超级杂交稻技术体系，不仅使中国百姓填饱了肚子，也将粮食安全牢牢抓在了我们自己手中。

据介绍，袁隆平院士一生极其简朴，他日常穿着的格子衬衫都是30多元一件，使用的签字笔都是两三元一支的普通记号笔。

“人就像种子，要做一粒好种子。”袁隆平院士生前的这句话如今被镌刻在他的墓碑上。

还有尚健在的中国第一位获得诺贝尔科学奖的华人科学家、挽救了世界多国数百万人生命的屠呦呦；为抗击并有效控制“非典”和新冠肺炎疫情做出了巨大贡献的呼吸病学专家钟南山，等等。

他们是炎黄子孙的最强大脑，更是共和国的脊梁，值得我们世世代代敬仰。

任正非：如履薄冰的战略家

说起任正非，就想起完美主义的沉郁的屈原，想起他的那句千古吟唱：路漫漫其修远兮，吾将上下而求索。

2022年3月28日，华为举行2021年年度报告发布会。《报告》显示，华为整体经营稳健，实现全球销售收入6368亿元，净利润1137亿元，同比增长75.9%。

面向未来，华为持续加大研发投入，2021年研发投入达1427亿元，占全年收入的22.4%。近十年累计投入的研发费用超过8450亿元。其中，运营商业务2815亿元，在总收入中占比44.2%；海外收入占比超过50%。

赚钱很难，赚外国人的钱更难，但华为做到了，而且是在高科技领域。

经济学家张五常说：在中国的悠久历史上，算得上是科学天才的有一个杨振宁，算得上是商业天才的有一个任正非。其他的天才虽然无数，但恐怕不容易写进史书去。

不知道任正非对这个评语作何感想，我想，他一定是一口否认的，因为他其实是一位战战兢兢的甚至有点抑郁的战略家。

一说到战略家，我们都会想到“姜太公钓鱼”的传说，似乎战略家都是从不出错的，而且总是神情自若，似有神灵附身，可以轻轻松松预测未来、指点江山。

其实不是的，任正非经常很焦虑，甚至整夜失眠，曾坦言因为痛失“小灵通”项目，抑郁了8—10年。

任正非很喜欢《北国之春》，他曾数百次为之热泪盈眶。他说，这不是一首情歌，字字句句都是为奋斗者写的。此言表露出他赤诚的爱国之心，也是在殚精竭虑、艰苦奋斗之后的由衷感慨。

任正非曾说：“三十年来，华为全都是痛苦，没有欢乐，每个环节的痛苦是不一样的。”还说，“一个幸福的人，首先的第一步就是不抱怨，不回忆”。其实就是因为有太多的痛苦，不敢回首，一回首就心如刀割。

在企业遭遇寒冬时，任正非经常半夜哭醒。2018年在会见索尼CEO吉田宪一郎时，他说每每想自杀时，只能给一位副总打电话来排遣。

在创业奋斗的路上，他还遭遇了父亲因为喝劣质饮料中毒死亡，母亲因没带身份证得不到及时救助，他自己因病两次大手术等坎坷。

作为战略家的任正非一直在做减法。2011年12月，任正非在华为内部论坛发布了《一江春水向东流》这篇文章，透露了华为的人人股份制。任正非透露，设计这个制度受了父母不自私、节俭、忍耐与慈爱的影响。在华为，任正非的股份占比在1%以下。

任正非还创立了华为的CEO轮值制度，每人轮值半年。此举是为避免公司成败系于一人，亦避免一朝天子一朝臣。

很多人一说到华为，总会想到狼性，觉得任正非不太有人情味。其实，那是因为他实在怕极了，有一天华为会轰然倒下。他说，企业发展就是要培养出一批狼。狼有三大特性：一是敏锐的嗅觉；二是不屈不挠、奋不顾身的进攻精神；三是群体奋斗的意识。

华为是没有任何外资参与的，而且也是唯一一家没有上市就能够进入世界500强的企业。华为要是上市的话，其市场价值是不可估量的。华为之所以不上市，就是为了不让外资进入，以免被控制。所以当华为披荆斩棘，在全球高科技领域单刀直入的时候，把超级大国都惊到了。

华为是实打实的世界级顶尖高科技公司。据统计，华为公司一共拥有100多名化学家、700多名数学家、近900名物理学家、近8000名基础研究专家以及近7万名工程师和高级工程师。并且，除了这些在编的科研人员之外，华为还和国内外各类科研机构有着各种各样的合作，提升自己的科研能力。在众多科研人员的努力之下，华为目前拥有近9万项科研专利（其中1万多项由美国专利机构认证）。

于是，华为成为美国压制中国的重点打击对象。

孟晚舟事件现在似乎已经被淡忘了，但是孟晚舟女士和她的父亲任正非永远不会忘记。

孟晚舟被非法拘禁整整三年，而且随时有被引渡到美国的可能。孟晚舟其实是人质。到底能不能获释回家？让有四个孩子的她在希望与绝望中被来回拉扯，心力交瘁。

孟晚舟被拘禁前曾做了手术，因为效果不理想，又做了第二次，要一直吃药，并一直有睡眠障碍等。

自从女儿被拘后，任正非从幕后罕见地走到前台，又不知何时起重新销声匿迹。一个强人老父亲心里的无奈和焦虑常人很难体会。

一边是自己从小拉扯大的让国人骄傲自豪、让竞争者又恨又怕的华为，还有自己深爱的祖国，一边则是自己一直没能回来的亲生闺女。

但任正非公开表示，我可以多挨打几年，孟晚舟也可以多受一些罪，但国家的利益不能让步。

让人特别感佩的是，面对美国的无理打压和非人折磨，任正非说了一句比特朗普更有总统格局的话：最终，我们还是要在山顶上拥抱，一起为人类社会做贡献的。

从2019年开始，华为受到美国的制裁，仅仅是华为手机遭受的损失就达到3000亿元以上，这对一家企业来说真的是天量了。

心里痛吗？恨吗？毫无疑问。但任正非在采访中表示：如果我们不想死，就要向最优秀的人学习；即使对方反对我们，我们也要向他学习，否则怎么能先进呢？科技公司不先进，就一定会死掉。我们爱国，就不能有狭隘的民族主义，还是要认真向美国学习，因为它最强大。

他看到了差距，看到了差距背后的症结所在。所以他说：我只是希望我们国家能更重视教育，在教育上和美国、欧洲达到一样的水平，激发孩子们的创造性。这样未来几十年以后，中国也能在基础理论上为人类做贡献。不要认为发展基础理论是要战胜美国、战胜欧洲，这是错的。任何基础理论都是为了造福人类，中国也要为人类做贡献，不能只索取、不贡献。

世界著名实业家稻盛和夫在《斗魂》一书中写道："人最伟大的能力，莫过于战胜自己的能力。"

这句话用在任正非身上正合适，因为他一直在努力战胜自己的恐惧，战战兢兢地为华为谋，为国家谋，甚至为全球谋。

曹德旺：心若菩提

如果说任正非骨子里很像屈原的话，曹德旺则很像是那个吟咏“千金散尽还复来”的诗仙李白。

曹德旺一生酷爱喝酒，敢爱敢恨，甚至口无遮拦。不管在谁面前都有一说一，不做缩头乌龟，也绝不口是心非。

他创立的福耀是全球第二大、亚洲第一大的玻璃企业。福耀生产的玻璃多供货给包括宾利、奔驰、宝马、奥迪、特莱斯勒等全球排名前20位的汽车制造商，产品占全球市场份额的23%，并为中国各汽车厂商提供全球OEM配套服务。在中国，每三辆汽车中就有两辆使用福耀玻璃。

小时候他吃尽了苦头。父亲曾经是上海著名的永安百货的股东之一，因时局动荡，父母亲决定举家迁回老家——福建福清。离开上海时，雇了一条船装载全部家产，全家人则坐邮轮。到家之后，被告知出了沉船事故，于是殷实之家瞬间一贫如洗。

曹德旺9岁才上学，14岁辍学。从此，矮小而倔强的他跟着家道中落的父亲做生意，卖烟丝、贩水果、拉板车、修自行车……什么苦活、累活都干过。经常凌晨4点起床，并因此养成了早起的习惯。

说起当年穷得没饭吃时，一个掉得只剩两颗牙的老人递过来一个红薯，想了想又掰回半个的往事，总让曹德旺禁不住流泪。结婚那天，才第一次穿上鞋，袜子还是兄长给的，七分钱一包的香烟都买不起。

为了谋生，他贩过白木耳，当过水库工地炊事员、修理工，还倒卖过果树苗。又屋漏偏逢连夜雨，经常亏得一无所有，不断借钱，不断还债。1975年的时候，终于为自己积累了5万余元的“巨资”，有了第一桶金。

他一直很好学，辍学后一有空就拿着《新华字典》刻苦学习。这本《新华字典》是他用一年时间割马草攒的八毛钱买的。他说那时，有字的纸片都是他的宝贝。

生意有点起色后，他学文学、会计、管理，努力提高自己的学养和本领。他后来对公司的员工有一个硬性的规定，下班之后不能打麻将，一经发现，立即开除。因为他认为，员工有空余的时间就应该去学习充电。

因为诚信和慈善，福耀的成长虽一路坎坷，但总能起死回生，否极泰来，生意越做越大。他一直推崇《金刚经》。有记者问他发生不测时，只能从家里带一样东西，会带什么，他毫不犹豫地说是《金刚经》。他广受好评的自传也名为《心若菩提》。

小时候，父亲跟曹德旺说："你想好将来要做什么吗？"曹德旺每天筋疲力尽，哪有什么时间考虑未来。父亲教导说："一个人有多少心，就做多少事，用心、真心、爱心、决心、专心、恒心、耐心、怜悯心……"，"越有心，越能成功"。

曹德旺一直记得父亲的告诫，一步一个脚印地踏踏实实做事，才成就了福耀的今天。

曹德旺做事用心，而且有决心和恒心。福耀玻璃曾被外国政府以倾销名义起诉，曹德旺不服，他说哪怕倾家荡产也要打赢官司。2001年至2005年，福耀的反倾销团队艰苦奋战，花费1亿多元，相继打赢了加拿大、美国两个反倾销案，震惊世界。美国国际法院判决驳回商务部的裁定，销售税率从11.80%降低至0.13%，福耀也成为中国第一家状告美国商务部并赢得胜利的企业。

美方曾派了一个工作组进驻福耀，仔细检查福耀公司的账目明细，以为中国企业在财务方面肯定不规范，一定会找到破绽。

但他们不知道，曹德旺早在1987年办厂的时候就亲自搭建了福耀的财务体系，1999年就采用了美国Oracle（甲骨文）

的系统做信息集成数据的报表。福耀的每一分钱进出都清清楚楚的，所以，身正不怕影子斜。

曹德旺更有良心和社会责任心。他曾经投资8亿元，花了很大心血，包括聘请外国专家团队，在吉林双辽建了一个精选硅砂厂。但精选硅砂过程中会发生沉渣，氟的含量很高。政府建议他们买一个采石坑用于堆填，但当地农民反对，怕采石坑如有裂缝，会造成外泄。

曹德旺问下属，废渣量大不大？下属回应说，每天大概有100吨左右。曹德旺思考了两天，对下属说：关闭硅矿厂！下属很不解，因为一旦关闭，不仅8亿元投资打了水漂，以后从外地运输进料，还要增加很大成本。曹德旺说："不要再说了！没有环境，要效益做什么，你即使一时赚到了效益，从长远讲，你始终会感到不安的。试问还有什么可以比心安理得更有价值？！"

对他来说，心安理得比8亿元重要得多。

曹德旺很有怜悯心。父亲曾教育他："有福者，必须先有量，福是从气量中求。"曹德旺一直谨记这句话。他说："要爱兵如子，要像父亲对待儿女一样对待员工，从德、智、体发展全方位去关心他们，因为他们才是企业真正的财富。"

他不让员工买保险，但员工嫡系家族的重大疾病支出，企业都包了，给员工孩子看病不惜花一两百万元。

2007年的时候，有一个员工叫田军，还在实习期，没跟公司签订正式合同，五一节回老家检查时，发现得了白血病。曹德旺知道后说："直接将病人送到医院，费用全部由公司支付。"

下属有点不理解，曹德旺说："我爸爸当年告诉我，您若是开店的，开门看见门口躺着人，您一定要先给他灌水，有口气了再送医院。""和公司无关的人，我们都要帮助他，何况他还是在我们公司实习的人呢！"为了给田军治病，做骨髓移植，福耀前前后后花了七八十万元。

曹德旺更有强烈的爱国心和民族自尊心。2017年，福耀与法国一家公司洽谈一个投资上亿元的项目，这是福耀玻璃进入欧洲市场的极好的开端。谈判很顺利，马上要签合同了，一位法国高管竟得意地开了一个侮辱中国人的玩笑，现场哄堂大笑。慈眉善目的曹德旺震惊了，他瞬间变脸，站起来，把手里的合同一摔，目光犀利地盯着那个法国高管问道："你去过中国吗？你了解现在的中国吗？你觉得在中国企业面前开这种玩笑合适吗？"

那高管目瞪口呆，全场一片寂静。曹德旺一脸愤怒地走出会议室。法国老总傻眼了，赶紧追上来劝说："曹先生，不要生气！一句玩笑而已，不要因为这点小事影响了我们合作的大事！"曹德旺毫不犹豫地说："福耀不会和侮辱中国人的企业合作！”法国老总只好当场将那位高管辞退，并郑重向曹德旺道歉，合同才得以签订。

曹德旺原来先后捐了160亿元，自己留了100亿元。前几年因为福耀玻璃的市值涨了，他的身家从100亿元涨到了200亿元，于是曹德旺又拿出100亿元来建设福耀科技大学。这是76岁的曹德旺给自己最好的生日礼物。

刘强东：爱心溢满的企业家

放眼中国企业界，刘强东的爱心是有目共睹的，而且从经商以来一以贯之。

爱员工，爱消费者，爱家乡的父老乡亲，爱自己的祖国和人民，他都爱得真切，并落实到具体的行动中，让人感怀和感动。

刘强东小时候家里很穷。和很多富豪不同的是，刘强东是真正的白手起家。他的家族没有任何的背景，父亲常年在船上工作，母亲是农民，每周能吃上几次米饭就已经很高兴了。

刘强东曾自述，在小学三年级以前，他家里一年到头很难吃顿猪肉，村长家挂的猪肉总让他垂涎三尺。平日里最期待的是谁家办喜宴，大家会争着抢桌上的扣肉吃。他自知抢不过，每次都默默地把汤端过来喝，吃里面的油水。所以他小时候的梦想就是做一名村长，想让全村人都能吃上猪肉。

他当年去读大学的时候，学费是全村人帮忙凑的，总计凑了500元。

1992年，刘强东以宿迁高考状元（680分的高分）考入中国人民大学社会学系。满以为以后可以走上仕途，为弱势群体谋福利，入学了才知道毕业后前途堪忧。

怎么办？

刘强东通过一天一夜的思考，开始主攻第二专业，自学编程。1995年，读大四的刘强东通过给别人写程序，赚到了20多万元。

他没有乱花钱，一直在寻找商机，后来用24万元替父母盘下了学校附近的一个餐厅。他对员工亲如兄弟，开的工资比同行高出许多，但员工却都变相捞钱，餐厅最终倒闭，欠了一屁股债。

于是从头再来，给别人写代码赚钱，等债都还清之后，他开始第二次创业。刘强东拿着仅有的1.2万元，在中关村租了个小柜台，开始贩卖各种刻录机和光碟，名叫“京东多媒体”，这就是京东商城的前身。

当时的中关村已经发展成有名的“电子一条街”，但假冒伪劣盛行，流传甚广的经营“宝典”是——“十招教你欺骗顾客”。

刘强东是一股清流，他的“京东多媒体”是当时唯一一家坚持卖正品行货、明码标价、所有产品都开发票的店铺。由于口碑好，质量和售后有保障，几年以后，“京东多媒体”共有了12家分店。

2003年“非典”来袭，刘强东尝试做电子商务，开始峰回路转。但2008年遇到了全球金融危机，银根紧缩，刘强东到处借贷碰壁，某日起来，竟发现额头上的头发一夜变白。好在最终有投资人被打动，云开日出。

刘强东总是“干笨活”。京东商城自始至终都坚持给销售出去的每一个订单开发票，不仅利于消费者维权，还极大地改善了税务部门对电商的征税难题，杜绝了偷税漏税。2013年6月27日，中国内地首张电子发票就是从京东开出来的。

刘强东“干笨活”，还包括京东的平台＋自有仓储物流模式。京东的自营物流是最牛的，京东最新的“亚洲一号”仓库可以说全球领先。

京东对员工的呵护也做得很好，甚至比很多国有企业都要好。很多国企也把一些非关键岗位的人力资源外包，以节省费用。但京东与每一个员工签订劳动合同，为所有员工缴纳“五险一金”，这自然会大大提升人力成本（每年增加17亿元）和相应的法律风险。

有一次访谈中，主持人问：“为什么不将配送员外包给第三方？”刘强东给出了一个非常让人动容的回答：

“劳务外包是一家企业的耻辱，每个保洁员、快递员都必须直接跟京东签合同。不然你这家公司干什么呢？你存在的意义是什么呢？人家每天工作16个小时，就只是为了钱吗？”他觉得应该还有福利保障。

这个心善而又求真务实的苦娃子最终开创了一家市值达6000亿元的集团，把控着4家上市公司。

他富了，但他没有忘记贫困的家乡人。刘强东当选为自己家乡平石头村的村长，他做的第一件事，就是着手修路，然后将村里的特色农产品打造成了明星产品。想参加工作的村民，可以直接进京东，当配送员、仓储物流工、客服等。

他深知只有教育才能改变命运，有好的教育，村里孩子才有未来。于是，他个人捐赠出资，在平石头村建起了一所设施完备的小学。

村民们为了表达对刘强东这个村长的感激之情，还将平石头村换了一种叫法——“刘强东村”，村里人也亲切地称呼他为“大强子”。

几年之前，刘强东曾经带着章泽天回到老家宿迁。刘强东特意选择在腊月二十九回村。村里650个老人，每一个人都拿到了刘强东分发的1万元的过年红包。宿迁可是一个经济欠发达地区，很多人打工一年才挣两三万元。

刘强东把整个京东客服中心搬到宿迁，直接就给当地解决了数千人的就业问题。刘强东还说服了很多电商公司，一起把客服中心建在宿迁，大大拉动了当地的经济发展。

刘强东一直以来给社会呈现的是一种有天下胸怀、有责任担当、义中取利的儒商形象。

武汉发生疫情的时候，刘强东说，不管全国哪里发生了灾难，附近的京东仓库管理员都有权在没有报备的情况下直接开仓赈灾。刘强东从附近的京东仓库调集了100万个口罩，支援武汉；京东物流把一车又一车的抗疫物资运到武汉，还帮钟南山运送了100台呼吸机到武汉，为此，钟南山特意给京东物流写了感谢信。

香港疫情最严重的时候，京东再捐1亿元。此前，京东集团已经快速反应，为香港医护人员捐赠了价值1亿元的抗疫物资。

上海疫情告急时，京东上演“自杀式”物流：十几辆货车进入疫区，货发完后，全部的物流人员和司机被立刻集中隔离7—21天，而装载车辆一律都留在疫区，不得返程！在其他车辆被隔离后，接着会有下一批车辆进入，继续往疫区送货，送完后一样被隔离安置！就这样，直到全部物流运力耗尽和前几波人员车辆解封为止！

“自杀式”物流对于企业来说，耗损的人力物力非常之大。这样的赔钱买卖，只有刘强东会做，也因此成就了一个大写的刘强东。

天有不测风云，一件不大不小的事让刘强东的人生来了一个急转弯。2017年之后，刘强东就再也没有回过家乡，这自然跟2018年发生的美国明州事件有关。2020年年初，有一个蒙面人拿着蓝色的油漆朝刘强东的老宅大门泼去。乡亲们努力把油漆擦掉，但是大门上依然有蓝色的印记。

2018年8月31日，刘强东因“涉嫌强暴罪”在美国明尼苏达州被捕，随后释放。此后京东股价下跌超10%，刘强东个人身价直接缩水76.5亿元。

近日，那位女主终于又承认是自愿的。其实有很多证据，明眼人一看就清楚。不能不说，这个事件，刘强东难辞其咎，但其背后似乎有看不见的手在操作。

章泽天曾说“唯愿守得云开见月明”，现在云开月明了吗？祝愿刘强东早日回复如初，这个社会还需要像他这样的企业家。

董明珠：曹德旺的“商界知己”

在企业界，董明珠和曹德旺的“爱情”几乎人人皆知。

有一次，曹德旺对着记者开玩笑地说“我们俩爱得很深”，记者问他谁是他的铁哥们，他说是董明珠。有记者问他觉得哪位女性最好看，他又说是董明珠，说得“铁娘子”董明珠都脸红了，这“铁娘子”可是很少脸红的哦。记者说，你们这么投缘，应该表示一下，曹德旺一把搂过董明珠，两人开心拥抱。

董明珠为啥能成为曹德旺很欣赏的异性知己？这应该是缘于董明珠的独特个性和魅力。

1984年时，才30岁的董明珠“天塌了”，她心爱的丈夫因病去世，留下她和仅2岁的儿子。为了撑起这个家，董明珠把自己当成了男人。1990年，她进入格力做业务经理，很快就崭露头角。

1992年，董明珠一个人在安徽的销售额超过1600万元，占整个公司的1/8。随后，她被调往几乎完全没有基础的南京，并签下了一张200万元的空调单子。一年内，个人销售额上蹿至3650万元。

1994年，格力出了大事：几十名销售骨干突然“集体辞职”，超过10亿元的订货单，一夜之间全部变成废纸，近340名经销商倒戈相向，销售系统全线瘫痪。

原来在20世纪90年代，商界盛行“销售为王”，格力也不例外。那时，普通员工年薪只有一两万元，而从事销售的，早就有十几万元甚至几十万元一年。于是，搞研发的坐不住了，都削尖脑袋要进销售部门。

为了稳住研发队伍，搞技术出身的格力老大朱洪江决定拉平销售与研发的待遇，把销售提成比例从原来的1%下降到0.28%。管销售的副总经理急红了眼，结果另一家企业乘虚而入，成建制地挖人，自然包括“销售女王”董明珠。

要跳槽的销售副总跟她说：“他们给5个点，你一起来吧。”董明珠在心里算了下：1993年，自己的销售额是5000万元，如果按这个比例来算，一年就能赚200多万元呐！而在格力，则只有10万元，真是一个天，一个地。但是董明珠抗住了诱惑，坚持留在格力。

1994年底，董明珠出任经营部部长，领导格力电器从1995年至2005年，连续11年空调产销量、销售收入、市场占有率均居全国首位。2007年，董明珠出任格力电器股份有限公司总裁。

2012年5月，董明珠被任命为格力集团董事长。

2016年9月，董明珠在《财富》全球50大最具影响力女性中排第11名。

2019年，福布斯2019全球最具影响力100位女性榜单发布，董明珠入选。

董明珠很“无情”，从“销售女王”到企业总裁，她亲手开除过自己的左膀右臂，也曾因拒绝帮哥哥走后门，被踢出族谱……董明珠曾说：“职务越高就越没有朋友。”

2017年，正值珠海快速发展，珠海市政府想让一家世界500强来收购格力。董明珠强烈反对，她觉得收购对格力来说太吃亏了。她许下了承诺，一定会还给珠海一个世界500强。现在她真的兑现了自己的承诺，格力跻身世界500强。

所以，董明珠看似“无情”，其实是心怀大爱：爱员工，爱企业，爱国家。用“铁骨柔情”来形容她，真的十分贴切。

从中国到世界，格力电器凭借自主创新，带领着“中国造”站在了越来越广阔的国际舞台上，让世界感受“中国造”的魅力。

2021年3月，在由世界知识产权组织、瑞士联邦政府等权威组织机构联合举办的日内瓦国际发明展上，格力电器一举斩获五金一银6项大奖，获奖项目覆盖暖通空调、电机系统、智能装备、家用电器等多个领域。

在2021年第22届中国专利奖评选中，格力成为家电行业获发明专利奖最多的企业。格力实现了众多突破，包括开了空调“双向换气”的先河，为消费者的健康呼吸提供了全新解决方案；突破了普通瞬冷冻肉类易冻结及普通变温室无法提供瞬冷冻功能所需冷量的双重技术瓶颈，使肉类食品的保鲜周期延长到2周，大大提升了保鲜效果。

董明珠说，企业家一定要有家国情怀，要有一种社会责任感来支撑。她还说“国家需要的就是我们要做的”，而且说到做到：

在新冠肺炎疫情暴发的第一时间，格力“急先锋”空调抢装队顺利完成了火神山医院与雷神山医院的空调安装及调试工作。在得知雷神山医院急缺焊工时，格力迅速集结了一支专业焊工“突击队”，连续作业30个小时，完成雷神山1000多个焊接点，保障火神山医院、雷神山医院的按时交付使用。

为了缓解疫情初期物资紧缺的压力，格力在不到一个月的时间里，实现口罩投产并推向市场；而后，格力成功研制出针对空气中的新冠病毒杀灭率高达99%的“猎手”系列空气净化器，实现科技抗疫的重大突破；格力自主研发的移动

P2＋核酸检测车更是多次前往疫情防控一线，展现出了龙头企业的责任担当。

最近，董明珠又被刷屏，这次是因为送员工去当兵。格力向他们承诺，退伍后安排返岗复职，优先提拔使用。他们既可以选择在部队长期发展，也可以选择服完兵役回格力工作，没有任何后顾之忧。

董明珠习惯了以坚强示人，但在送员工入伍现场，她却难得地展现了柔情的一面，与即将入伍的新兵深情拥抱，在致辞中更是数次哽咽。不少员工说，这是第一次看到“董小姐”哽咽。

董明珠本心若菩提，所以与曹德旺特别有缘分也就不奇怪了。她很欣赏曹德旺，曹德旺也很欣赏她，彼此惺惺相惜。

俞敏洪：从知名总裁到直播带货

太佩服俞敏洪了！

北大读书四年保持成绩倒数的纪录，却并不因此自暴自弃，还四年如一日，为同学打开水。

毕业后想出国，出不了，索性弃教从商。一个北大老师提着糨糊桶，偷偷在电线杆上贴小广告，想想都觉得奇葩。

后来竟然积累了一大桶金，把自己北大读书时的班长王强和学霸徐小平都从国外请来当合伙人。

俞敏洪不会因为出身贫穷而自卑，也不会因为不再是学霸而抑郁。生活拮据了，他就去干副业，不管自己北大老师的身份有多金贵。

他的抗挫折能力太强了。说到底是他的人生观正啊！

一个人只要不偷不盗，只要勤奋好学，只要自强不息，只要心地善良，哪怕贫穷一些，哪怕似乎比周遭杰出的人笨一点，也没有啥可难为情的。

因为学生减负，培训班被政策限制，红红火火的新东方突然没戏了，股价暴跌，200亿元资产不翼而飞。他不哭不闹，坚持把学费都退还给消费者，把桌椅捐给贫困山区的学校，自己再难，也绝不损害他人利益，还坚持扶贫。

2021年11月7日，俞敏洪开启了自己的首次直播带货。除了卖书之外，他宣布一个重要的决定：新东方会转型直播带货，进入助农直播赛道。

俞敏洪对记者说：新东方从来就没倒下过。新东方只是暂时遇到了困难，我们的精气神从来没有失去过。我们从第一天起就在想怎么自救，怎么开辟新的赛道，怎么利用现有资源去做能够做的事情。

在他和董宇辉等人的努力下，新东方真的起死回生了。董宇辉老师质朴而富含诗意的语言一时间成了人们茶余饭后难得的精神享受，直播带货量火箭式上蹿，东方甄选忽然成了香饽饽。但俞敏洪很客观冷静，他在接受记者采访时说，关键还是要看产品质量，看消费者的认可程度。他从不忽悠人，绝不会为了拉升股价而说违心的话。

60岁的他在镜头前难掩疲惫，年事渐高，他已不缺钱度晚年，那他图什么？

图享受吗？绝对不是！俞敏洪是苦行僧，他的办公室没有豪华的办公桌，没有老板椅，也没有独立的卫生间。就像一个大号的学生宿舍，一大排书架和堆在地上的一摞摞书占据了很大的空间。俞敏洪称自己绝对不会去买一座豪华的别墅以及游艇什么的，不然会有负罪感。

俞敏洪办公室的墙上挂着一张照片，是自己老家，一座农村的小土屋。他说，这张照片已在办公室挂了15年。俞敏洪用这张照片时刻提醒自己是从什么地方来的。

所以，他从不会因为名利而迷失，一直抱持着正确的三观，追求着真善美，仍保持着拼搏向前的勇气。

苏格拉底说，**最有希望的成功者，并不是才干出众的人，而是那些善于利用每一时机去发掘开拓的人**。他还说，许多赛跑的失败，都是失败在最后的几步。跑“应跑的路”已经不容易，“跑到尽头”当然更困难。几乎所有的成功人士都是充满梦想、敢于拼搏的，俞敏洪就是这样。

不管新东方的未来如何，新东方精神、俞敏洪的精气神永远值得我们学习和敬佩。

汪勇：一个快递小哥的高光人生

一个普通的小伙子，能突然之间变得无所不能吗？答案是：能。

2020年2月16日，我在微信朋友圈发帖：

“一个快递哥，瞒着家人，20多天不回家，日夜接送很多医护人员，为广大医护人员解决吃饭问题，帮医院运来急需的医疗物资。他没有任何资源，但一呼百应。很多志愿者和企业听从他的指挥。他的心肠堪比菩萨，他的能力远超很多各种级别的官员。真的相信，中国总是被一些勇敢的人保护得很好，其中就有他这样的普通的快递哥。但愿以后能评上感动中国人物并获重奖，奖再多都不为过。”

不想真被说中了。

2020年4月28日，汪勇获颁第24届“中国青年五四奖章”；8月26日，当选“疫情防控最美志愿者”；9月，被评为全国抗击新冠肺炎疫情先进个人；9月17日，中央文明办发布2—7月“中国好人榜”，汪勇被评为“助人为乐好人”。2021年2月17日，汪勇被评为“感动中国2020年度人物”；11月5日，获第八届“全国见义勇为模范”称号。

真的为他高兴！为媒体人点赞！为政府叫好！

让我们把时针拨回到2020年的大年三十——

因为疫情的影响，快递公司放假了。回家与亲人吃团圆饭的汪勇在晚上10点突然刷到朋友圈上一个帖子，一名武汉金银潭医院护士写道：“求助，我们这里限行了，没有公交车和地铁，回不了家，走回去要四个小时。”这名护士第二天早上六点钟下夜班，但一直没人接单。

汪勇很想去，但知道感染的风险很大，家人一定不会同意，他在心里斗争了一个小时后，下定决心“去”。他骗老婆说，网点临时需要值班人员，他被派去值班。他先去超市买了两只N95口罩，六点钟准时到达金银潭医院。护士看到他愣了一下：“我没想到有人会接这个单。”接着，她上车，一路上一言不发，默默抽泣，一直哭到下车。

第一天，他接送了十几个医护人员往返金银潭医院，因为害怕被感染，一天下来，腿抖个不停。本想打退堂鼓，但看到晚上又有护士下单，目的地距离医院有几十千米，没有一个人接单，他实在于心不忍，又改变了主意。

他编了第二个“谎言”，告诉老婆说，自己接触了疑似病人，害怕被感染，只能先睡在快递仓库，暂时隔离7天，没问题才能回家。老婆听了号啕大哭。

此后，汪勇难得有空了，就睡在武汉二环外快递仓库的一张高低床上。这个仓库建在下水管道口，潮湿阴冷，在寒冷的冬夜，该有多冷啊。

他两岁的女儿很黏他，一到晚上就吵着要跟爸爸睡，找不到就坐在角落里哭。元宵节那天，她趴在爸爸照片上亲了又亲。他看到老婆发来的视频，心里特别愧疚，很想马上回家陪女儿，但他还是没有回家。就这样，他从大年三十开始，冒着分分钟都可能感染新冠肺炎的危险，“离家出走”了22天。

他建的医护服务群，进的人也越来越多。他发觉自己再拼命，每天也只能满足接送300千米的量，于是开始招募志愿者。还真的有很多爱心人士挺身而出，有二三十个人轮流跟着他跑，跑坏了三辆车。

人手还不够，怎么办？后来，联系上了摩拜单车，对接了滴滴、青桔单车，光青桔单车就投放了400辆，彻底解决了医护人员的出行问题。

然后他又想办法为医护人员解决一日三餐和吃夜宵的需求，他和志愿者募集资金，联系餐馆。他一天跑20多家餐厅谈合作，一家家地问能不能免费或低价给他们用场地，终于有一家餐厅的老板愿意。汪勇好不容易松了一口气，可惜2月7日，因为不是指定单位，资质不合格，被要求停止营业。当时他真的很有挫败感，但他坚持不懈地努力，终于又有一家本地企业“Today便利店”出面解决了用餐问题，他这才如释重负。

医护人员把他当作自己的“衣食父母”，有什么困难都来找他。比如，眼镜片坏了，手机屏碎了，拖鞋、指甲钳、充电器甚至秋衣秋裤没了，都找他求助。他在群里通过接龙喊一声，很快就有专人采购，帮医护人员搞定。他们甚至给上海医疗队的两名医生买了生日蛋糕送过去。还有一次，因为医院里空调不能开，医护人员紧缺用来保暖的无袖羽绒服，他们即刻花10万元，把商场、超市的羽绒服买得一件不剩，又在广州定了1000件“优衣库”羽绒服，救了医院的急。

后来医护人员需要一批防护鞋套，但整个武汉市都断货。好不容易在淘宝上找到一个商家有货，但距离武汉市区55千米，商家也确诊患了新冠肺炎，发不了快递。他连夜开车去取，带回来了2000双。

他是一个“80后”，他对记者说，他到现在还是妈妈不省心的孩子，要妈妈帮忙带小孩，补贴他的家用。但他却能在险恶困难的情况下，对接前后4000多名医护人员的紧急需求。真的不能不感慨，人的能量原来会深潜得连自己都不知道。潜在的巨大能量不会为了自己爆发，但为了别人，却突然爆发了。

汪勇是被疫情逼出来的英雄，是仁爱的力量让他突然之间成了一个有巨大能量的人。他知道新冠病毒有多可怕，知道万一他有什么闪失，对心爱的妻子和女儿、对年迈的父母意味着什么，但他还是义无反顾地挺身而出。他说，他只是觉得，人家是来救我们的，不能让他们受委屈。

相比一些明哲保身的、推诿扯皮的，甚至变着法子发国难财的，一个普通的年轻的快递小哥带着一群志愿者冒着生命危险日夜忙碌的身影，真的非常非常高大。

正如央视主持人在“感动中国2020年度人物”颁奖现场所说：在武汉防疫最艰难的时候，他一个普通人，做到了无所不能。

马斯克：当代诺亚？

2014年9月，张鹏、张一鸣、傅盛、黎万强、周航等一批中国新生代企业家坐在美国特斯拉总部马斯克的办公室。

有人问马斯克，你决定做特斯拉的时候，电动汽车还没今天这么火，哪些因素让你判断，这是个机会？

这是一个好问题，几乎是每一个企业家都想问的问题。想想看，马斯克怎么回答？真是打死我也猜不出：

“我从来没觉得电动汽车是个好机会，我其实也一直觉得做特斯拉的失败率比成功率大得多。”他顿了一下说，“我只是觉得这是应该要去做的事情，而且我不想苦等别人来实现。”

应该做，因为有意义，是绿色环保能源；不能等别人来做，是等不及。很可能失败，概率很高，但还是要去做，立即去做。马斯克希望通过使用清洁能源，减少对地球资源的榨取。他后来把特斯拉的300项专利向全球免费公开，就是为了让绿色环保能源技术尽早普及。

他不仅要创造财富，他还想改变世界，让世界越来越好。这就是让人敬仰的企业家的情怀和使命感。他常常引用丘吉尔的名言：既然必须穿越地狱，那就走下去。

这样的人自然是与苏格拉底一样，对一般的人生享受没有太大兴趣。有一天，马斯克对女友说，如果有一种方法，可以让自己不用吃饭也可以工作较长时间，那他宁愿不吃饭。他说："我希望找到不用吃饭就可以直接摄取营养的方法。"

他在工作期间总喜欢穿牛仔裤和黑色体恤，因为耐脏吧。对他来说，时间是最宝贵的。

他的时间总不够用。《硅谷钢铁侠》的作者说，马斯克似乎从来没有离开过办公室，他通常就在办公室旁边的睡袋里席地而睡。几乎每天都这样。

一个人要创业，尤其是造福全人类的事业，注定是要搭上自己最宝贵的时间的。但马斯克毕竟是大活人，所以也难免喜欢美貌的年轻女人。当他第一次看到英国女影星莱莉时，困扰他多时的胃病竟然不治而愈。于是他向一记者打听：一个女人每周需要男人花多少时间来陪她呢？5—10个小时？

对他来说，仅仅为陪一个女人的话，每周10小时已经是天量了，哪怕这个女人美貌、可爱到可以治好他的胃痛。

他的胃痛与高强度快节奏工作有关，也可能与他的童年经历有关。年少时父母离婚，他选择跟了父亲，那是他最后悔的事情。他在学校里还备受欺凌，差点被同学打死。

但马斯克没有自暴自弃，也没有被打趴下，一直刻苦学习，是名副其实的优等生。小时候，马斯克每天读书10个小时是家常便饭，周末可以一天读两本书。有时，全家人去购物，他突然不见了，结果总是在最近的书店找到他。四年级的时候，他就劝说图书馆员帮他订更多的书，开始阅读《大英百科全书》了。

14岁的时候，马斯克就提出了自己的惊世宣言：**唯一有意义的事情，就是去为人类争取更大的集体启蒙，这样才能增强人类的自我意识，更好地去理解问题所在。**

在离婚三次后，他说他要找灵魂伴侣，是能懂他的存在感的灵魂伴侣。他的存在感就是要竭尽全力去解决人类可能出现的各种麻烦和生存困境，包括科技发展带来的异己能量和难以掌控的趋势。

每个人都有忧喜，我们普通人的忧喜总是与自己的切身利益有关，比如健康、婚恋、个人财富和前途等，但马斯克的忧喜似乎总是与人类命运有关。他对记者说：我始终相信，如果我们能够解决再生能源的问题，并一步步把人类打造成跨星球的物种，在另一个星球上建立能够自给自足的文明，防止可能发生的人类灭绝危险，人类就会有一个光明的未来。那么，马斯克顿了一下说，这样就太棒了！可以想见，他说

“太棒了”的时候，眼睛是闪闪发光的。

马斯克也有恐惧，甚至到了令他睡不好觉的地步，那就是机器人对人类的反掌控。他说，谷歌的创始人和CEO拉里·佩奇正在建造的人工智能机器人大军有可能摧毁全人类。他真的非常担心这件事。尽管他和佩奇是好朋友，也知道佩奇本质上是好人，而不是什么邪恶博士，但这还是不能令他安心。马斯克说，天性纯良的佩奇，总是认为机器会永远服务于人类，但这正是问题所在。我不像他那么乐观，他可能会不小心制造出邪恶的东西来。

是啊，智能机器人有多能耐、多自动化，就有多恐怖。近日，澳大利亚的研究团队发现，智能机器人已经学会了寻找人类的弱点，发现人类的习惯规律，从而对人类进行操控，而其成功率竟然达到70%。在一个有关投资的游戏中，参与者竟然会根据智能机器人的引导，而不是根据自己的理性思考做出选择。真的是细思极恐。

忽然想起小时候特别火的电影《追捕》，高仓健扮演的杜丘被强迫吃了一种中枢神经阻断药，行为被别人支配，被命令从楼顶上跳下去。有一个声音说：走过去，你会融化在蓝天里，一直往前走，不要往两边看。好在杜丘最终止步了。

也许很多研发AI的佩奇们心地善良，但是在无数的佩奇们研发的基础上，忽然出现一个邪恶又精通AI的人，那地球上就可能灾难频发，人类便难以自保了。潘多拉的盒子一旦打开，就关不拢了。

也难怪马斯克要为此忧愁难眠了，因为他还没有找到解决办法，也没有能力去制止其他人开发智能机器人。

马斯克的前妻贾斯汀说，马斯克随心所欲地做他想做的事，并为之不懈努力。这就是马斯克的世界，而我们所有人都与他关心的世界息息相关。

哲学家爱默生说：**一个一心一意向着目标前进的人，全世界都会给他让路。**但愿马斯克能一直葆有活力，尽快解决那些终极困局；可以不再有忧虑和恐惧，因为他的忧虑和恐惧关乎我们每个人。

有人说，马斯克是“当代诺亚”。作此结论还为时过早。网上传言，他的很多项目与美国政府有牵涉，无论是火箭研制、卫星生产、6G网络制式以及资金运作，都离不开美国政府的支持。据说马斯克已经跟五角大楼达成了租用协议，五角大楼每年资助数亿美元（还不包括未来的使用费）。马斯克的研究成果未来会有更大用途体现在军事上。

对此该怎么看呢？只能说，他毕竟生活在美国，美国政府自然会想方设法把高科技用在军事上，为称霸服务。对马斯克未来的作为，我们只能拭目以待。

人性的真相

The truth of human nature

人性是人类区别于动物的共有共通的心理属性。

因为人不可能彻底摆脱动物性，所以人性中“天使”和“野兽”的成分混合着、共处着。

通过社会教化、规范，以及个人的修养，人性中灰暗的、丑陋的东西，是可以得到削弱、约束和扼制的，而使人性闪耀出真善美的光辉。

走出伊甸园：人类为啥注定要痛苦

人类为啥会有烦恼和痛苦，在精神上经常会居无定所？因为再也回不去伊甸园了。

伊甸园里风景如画，四季如春，温暖得连衣服也不用穿，就赤身裸体着，说是因为没有羞耻心。其实，只有两个相爱的男女，是不需要有什么羞耻心的呀。

而且吃喝不愁，四季瓜果和甘泉伸手即来。两个相爱的人不需要劳作，不需要为生存而奋斗，他们只需要脉脉含情地相视，只需要一起拥抱着看日月星辰，一起听风听雨，一起欢笑或者默默无语。

伊甸园里没有第三者，所以无论男女都不知嫉妒为何物，因此也不需要提防和竞争。

也不会老去，一直拥有青春健美的身体，定格在一种最自然、最有活力、最恰到好处的美的状态。

但是因为经不起蛇的诱惑，夏娃偷吃了禁果，也让亚当吃了，于是他们知道了羞耻和善恶，所以就被逐出了伊甸园，从此踏上了一条充满荆棘的痛苦的不归路。

人世间，是必须知道善恶羞耻的，人世间不是神仙眷侣过的日子。

人类一旦有了羞耻与善恶心，就没法淡定了。有了第三者，就有了嫉妒和竞争，世界从此就不太平了。三人成众，必须有羞耻和善恶心，必须有规则，所以，人才会有痛苦。

离开了伊甸园，一切都改变了：亚当必须辛勤劳动才能糊口，要终身劳作，直到归于尘土。

男人是谋生的主角，所以男人很累，特别累，因为主角不好当啊。他既然是两性的主导，就必须吃更多的苦，除非放弃主导的地位和权威。

要劳作，有劳作的痛苦。一对一的无忧无虑的恋爱被打破了，就有失恋的痛苦。有规则，就有打破规则和触犯规则以后被惩罚和精神鞭打的痛苦。这是注定的，谁也别想逃过，是全人类共同的痛。

人类总想回到伊甸园，回到无忧无虑的两性相爱的世界，但实际上是不可能的。理想很美好，现实很骨感。在人世间是不可能复制伊甸园的环境的，最多只有局部的存在、瞬间的存在。

卢梭说，**人生而自由，但无往不在枷锁中。**

因为没有枷锁，人就变成动物，所以，人注定要戴着镣铐跳舞。

马路上，没有了红绿灯，交通事故就会频发，生命得不到保障。浩瀚的天空，任何星球都有自己的轨道，一偏离就会撞到其他星球。在地球上生存了2亿年的恐龙，就是因为一个偏离轨道的小行星的撞击导致地球一片火海，最终无生存之地而灭绝。

交通道上，有三种车可以不必顾及红灯：救人的，救火的，抓坏人的。所以危急时刻，为了自己和他人的共同福祉，可以不守规则。这就涉及**自由的边界：不能人为妨碍他人的自由和幸福；不能随意发火失控，伤及无辜；不能为了自己的爱情破坏他人家庭；不能假话连篇欺蒙他人；不能用假冒伪劣产品欺骗甚至祸害他人。**

还有：不能自坏人的生理结构和功能，比如不能暴饮暴食，也不能为了瘦身不吃不喝；不能过于拼命而透支身体，也不能四体不勤；不能总是熬夜，也不能经常昏睡不起。

忽然发现，很多边界其实不是人的枷锁，而是连动物都不会随意僭越的。

不禁要问，难道人有时连动物也不如了，连基本常识也不懂了？有时确实会，因为贪嗔痴的原因。

人世间有很多黑暗，因为人性中有很多黑暗。人有某些很难根除的劣根性，而且人出生后必然就奔着病、老和死亡而去，时时刻刻都有黑暗的阴影。所以荣格才会说：人类存在的唯一目的，是在纯粹的自在的黑暗中点亮一盏灯。是啊，不点灯就会生活在无尽的黑暗中，包括看似“光明”的黑暗。

荣格还说，文化的最后成果是人格。确实，教育的最终理想就是人格的培养，好的人格，就是能准确评估人生枷锁的性质，知道什么该打破，什么不该打破。于是人的心里就亮堂，脚步就会很坚定，内心的快乐就能驱散外在和内在的黑暗。歌德说过：**人格的快乐是人间最大的幸福**。

释迦牟尼说，在人世间，所求皆痛苦，快乐总是如闪光雷电。所以他说，我们还是不要这些吧，我们都不要了，就没有痛苦了。这样其实人类也就绝种了。

在西方，在古希腊人的世界里，男人也是可以不需要女人的，甚至不考虑传宗接代，连柏拉图这样聪明绝顶、热爱运动、严于自律又英俊帅气的极品都没有留下后代。

怪不得人类的出生率到了一定时候就走下坡路了。2022年1月8日前，一份人口数据报告显示，世界新生儿出生率不足以抵消人口老龄化。全球大多数国家的出生率低于死亡率。所以马斯克认为，人口崩盘的潜在风险正在逐年上升。尽管复制繁殖是动物与生俱来的基因，但还是面临一部分人精神意念上的消极对抗。

从某种程度上说，因为伊甸园不复存在，人世间的痛苦很多，有些人就不干了，发脾气了，只想着自己在现世好好享受，甚至也不想结婚了，想努力模拟伊甸园的生活，想自由自在。但这是道德和幸福的生活吗？不结婚、没有孩子的生活就没有痛苦了吗？

显然不是啊！

电视剧《人世间》里的人都很累、很坎坷、很郁闷，甚至经常劳而无获，但是剧里所有的人，他们所有的幸福也还是因为有爱情、亲情和可爱的孩子。

都说高智商又美貌的周蓉是恋爱脑，但周秉坤和周秉义难道不是恋爱脑？冯化成和蔡晓光难道不是恋爱脑？郑娟，甚至那个看似疯疯癫癫的乔春燕难道不是恋爱脑？新一代的冯玥更是了。所以，人其实是大同小异的，在人的脑海里，伊甸园的情结总是挥之不去，区别只是程度不同而已，说出来与没说出来而已。

毕竟，伊甸园是人类永远的精神乐园。

丛林法则与人之为人

世界其实很简单，是我们自己把它想复杂了。

动物世界是最真实的存在和诠释。

物竞天择，老虎狮子生来就是肉食动物，牛羊生来就是吃草的。如果老虎不吃其他动物，就是纸老虎了；如果牛吃动物杂碎，就容易得疯牛病。黔之驴，看起来很高大威猛，但是几个招式一出，几个回合下来，就暴露真面目了。

在动物世界，实力决定一切。为了争取首领地位，争夺领地，还有心仪的对象、珍贵的水源和食物，可以打得你死我活，拼了老命。

赢了就是王者，可以占据最好的位置，站在高高的山坡上环视四野，或旁若无人地享用稀罕的水源。

战胜了对手的雄性动物傲然地甚至看都不看一眼倒在地上鲜血淋漓的敌手，甚至顾不上歇气，就去追逐它看中的异性去了。

雌性动物总是处于服从和被动的地位，总是自愿或不自愿地跟着赢家走，最终成为一家。雌性动物好像就是雄性动物的附属品，为他们生养后代，也自然地接受雄性的保护和安抚。

有一点不同的是，动物世界，雄性大多比雌性更好看，有绚丽的肤色或羽毛，飘逸的鬃毛，等等。不像人类，总是女性打扮得漂漂亮亮的，有意无意地吸引男性，但也有的纯粹出于自爱，让自己开心快乐。

动物世界也有充满温情的时刻，有虎毒不食子，有夫妻分工合作、哺育后代，甚至还有忠贞不渝，一辈子不离不弃的，但是很遗憾，那只是很少有的品种，是另类。

在人世间，丛林原则也在一定程度上存在。人世间的竞争往往比动物世界来得隐蔽，但有时更残酷无情和充满传奇。弱小，就可能被欺负、被淘汰。只有让自己慢慢变得强大，强大到可以独立生存，才可以有真正平等的关系和爱。

我们有时会被卷入一些矛盾冲突中，对人与人之间的关系会有烦恼、怨恨、无奈，甚至绝望。其实，只要看透人性，实事求是地看待事物，那么一切都可以理解。首先不要对别人做道德绑架，也千万不要把自己看得太重要；弱者也不可能靠同情活着，所以一定要自强。

所幸与动物世界不一样的是，在人世间，在丛林原则发挥一定作用的同时，总是有更多的温情和爱，也总有以强扶弱、同情弱者的一面。因为**人世间，与丛林法则一起演绎的还有：社会舆论、信仰、文化教育、法律和道德规范等，这些都对丛林原则构成约束和牵制，也为人的命运的改变提供了契机。**

它们是一个个变量，无时不在潜移默化地消耗着、影响着各种势能及走向。而人本身能量的多样性，也决定了各种生存状况的转换和多样性的存在。这也是人作为万物之灵最值得骄傲和书写的一面吧。

了解人性的好处

人们经常不喜欢直面人性。其实，逃避是没有用的，自欺欺人而已。直面人性，有诸多好处：

第一个好处是更容易学会宽恕。因为人性是共通的，是大同小异的人类基因。自私性与生俱来，所以，每个人都可以从别人身上的缺点看到自己的影子。知道了这是基于人性，就不会太去苛责别人。**亚里士多德说，人是介于神和兽之间的动物。我们都一样。**

第二个好处是，理解了人性以后，才会对好人好事产生崇敬，而不会觉得是稀松平常的。

好人是以牺牲自己的享乐来造福别人的，他们克服了人的动物性的、自私的一面而做出利他的选择。这种选择很多人做不到，而他们做到了，在克服了自身根深蒂固的局限性后做到了，所以他们是值得我们仰视的。他们引领了社会的风尚，优化了人类的文化基因。

文化基因不是生物性的基因，是让社会、让人与人关系更和谐、更美好的后天植入并得以繁衍遗传的基因。

第三个好处是，理解了人性，我们可以更好地面对自己。

我们都是人，不是神。我们自然会有自私的一面，会有凡人、俗人的通病，所以不要对自己太过苛求。佛教说，要戒贪嗔痴。其实都戒了，我们就不是人，而是神了。还有平等心，真正完全具备了，也不是人了。我们只有知道自己的局限性，真正接纳了自己，才能彻底地原谅自己，真正喜欢上自己，然后我们才会是一个有内在喜悦的人。

人性追求什么？古代的普通人，最幸福的人生是有吃有穿有田地，一个“福”字全都包含了。

有家国情怀的士大夫说，先天下之忧而忧，后天下之乐而乐。这与共产党人的初心很一致。共产党人的初心就是解放天下劳苦大众，所以白求恩不远万里来到中国，江姐等无数先烈可以宁死不屈。

国外呢？

诗体哲理悲剧《浮士德》，是伟大诗人、剧作家、思想家歌德最重要的作品。最特殊的是，歌德的创作过程长达60年。他从青年时代起即构思此诗，直到临死前才告完成。

所以他的体悟应该是他贯穿一生的证悟，不光是他自己的一生，还包括许许多多他见证过的人的一生的证悟。

浮士德把几乎所有人的人生都演绎了一遍，追求知识、爱上美少女、追求功名、与古典绝世美人海伦结婚生子，但都不得善终。

最终，浮士德发动大众改造自然，填海造田，“为千万人开拓空间”，使人们“在自由的土地上享受自由”。当他憧憬着的理想王国就要建成时，他已“预感到崇高的幸福，正在享受那至美的时辰”。他不由自主地感叹，真美啊，请停留一下！哪怕这样一来，他就会被魔鬼掳走灵魂。

有书评说浮士德，他最终的理想追求有空想社会主义的成分。

或许有。但细想，《浮士德》能与荷马的《伊利亚特》、但丁的《神曲》、莎士比亚的《哈姆莱特》并列为欧洲文学四大名著，应该跟什么主义关系不大，而是说出了西方很大一部分人内心的人生追求。或者说是道出了脱离了生物性一面的人类共同的文化基因。虽然不一定是很坚定的，但至少是作为一种挥之不去的情结，存在人的内心深处。

正如女哲学家纳斯鲍姆在《善的脆弱性》中所述，好生活，是复数的人中间的生活，人类的尊严、友爱、正义等诸多价值都建立在人与人的关系中。

或许，无论西方还是东方，人性中有很多追求是大同小异的。

我们小人物又如何自处呢？

有人说，活着，最大的幸福就是让自己和所爱的人幸福。爱自己，爱家人，自然是无可厚非的，也是最不会让人后悔的。然而力所能及地为社会、为他人尽一点心力，自然也是能给自己带来愉悦的。所以危难之时，总有志愿者的身影出现，让人内心充满温暖和感动。

试验证明，一杯水被贴上不同的标签，会有不同的结晶，写着“丑陋”的结晶很丑陋，写着“美好”的结晶很美好。而水还是没有生命的物质呢。所以我们要给自己贴上好的标签。好不好或许别人不知道，但是我们自己知道。

所以很自私的人不爱他人，也不爱自己，因为很自私会让自己看不起自己，那何来幸福？

稻盛和夫说，不论你多么富有，多么有权势，当生命结束之时，所有的一切都只能留在世界上，唯有灵魂跟着你走下一段旅程。人生不是一场物质的盛宴，而是一次灵魂的修炼，使它在谢幕之时比开幕之初更为高尚。

人为什么需要朋友?

一早看到一句话：人类终将彼此需要。一时心动。

人是群居动物，哪怕因为疫情，绝大部分时间都蜗居在家，但是因为微信，人与人就从来没有相互隔绝。

没有人不想要自己的私人空间，也没有人不寻求彼此需要。最终，人的价值就在于被需要，需要你的人越多，越有价值。人的快乐，也在于被惦记，不求很多，但求真切。

曾有人感叹："我试过下落不明，但真的无人问津。"确实，这个世界是对等的。你关心他人，他人才会关心你。一个不关心他人的人，哪里会有人关心你呢。父母除外，因为父母对子女的爱是无条件的。

所谓坚强，就是跌倒了再爬起来；无人问津，依然要关爱自己、关爱他人和这个世界。因为我们终究不可以一直封闭自己，因为爱是漫长人生中最宝贵的，付出爱是必然会有反馈的。

相信读过柳宗元《小石潭记》的人，会对以下的文字一辈子都感同身受：

潭中鱼可百许头，皆若空游无所依，日光下澈，影布石上。佁然不动，俶尔远逝，往来翕忽，似与游者相乐。

鱼儿离不开水，离开了水，它就不能呼吸。人需要朋友，就好像鱼儿需要水。

最好的朋友是什么呢？他知道你的好，也知道你的不好。他会对你知无不言。他欣赏你，但对你的缺点，他也会直言不讳。所以你不需要在他面前隐藏自己，你在他那里很放松，你能打开你的心结，不用躲躲闪闪，至少会打开一部分，宣泄出一部分。

有的朋友，哪怕好多年没联系，或者平时不太联络，但你知道，你们是一伙的，你们是可以笑到一起、骂到一起的。你会为他的好而高兴，为他的痛而难过。反过来也一样，哪怕自己不很如意，也希望他都好好的。

所以，我们要珍惜所有的鱼水一样的朋友关系，这样，只要一有需要，心灵的电波就可接通。也要珍惜和朋友与亲人一样的夫妻关系。

我们也要做自己的好朋友，对自己不隐瞒、不欺骗，不曲意奉迎，把心打开给自己看，正视自己的过错和毛病，遇事不责怪他人，不责怪环境。

当然，我们也不需要把所有人都当作朋友请进门，毕竟话不投机半句多，该关的门就关上。

他人即地狱?

萨特说，他人即地狱。

很多人一直把它当作结论，包括我，甚至进而认定萨特这个人很自私，内心很黑暗。其实人们这种认定不是萨特的本意，也不反映萨特的本性。

他的名剧《禁闭》讲的是在人间曾作恶犯科的三个鬼魂在地狱里继续为非作歹、相互摧残、始终不得安宁的故事。

事实上，地狱之中并无刑具。鬼魂们被迫待在日夜灯火通明的房间，完全没有隐私。他们已经死亡，不得出去，而性格已经铸就，所以在那儿尔虞我诈、钩心斗角，把自己和他人推入“地狱”。最终，其中一个鬼魂加尔森无奈地说：何必用烤架，他人即地狱。好吧，让我们继续下去吧。

萨特用这样一个特殊的场景告诉我们：假如我们自己把自己扭曲了，又必须生存在他人的目光中不得自由（而事实上，人必然处于他人的目光中），那么，他人即是地狱。人要过自己的生活，仅此而已。

地狱就是他人投向自己的清醒的目光，地狱就是主观性林立的现代社会，这其实就是“注视”的意义。**从自私的动机出发，无不害人害己，让自己身处地狱，受他人和自己的审判。**

反过来，保持开朗和宽容，给他人以天堂般的温暖和自由，让他人实现其主体性和自由，自己也就可以实现自己的主体性和自由，他人也就成为自己的天堂。所以萨特认为，人要对自己的选择负责，要有责任感。

萨特是善良的。他告诉人们要善良，否则就会身陷地狱，哪怕根本没有刑具伺候，他人的目光所导致的精神上的苦痛就是刑具。

萨特是20世纪最重要的思想家之一。他是存在主义哲学家，优秀的文学家、戏剧家、评论家和社会活动家，西方社会主义最积极的倡导者之一，在战后的历次斗争中都站在正义的一边，对各种被剥夺权利者表示同情，反对冷战。

他一生拒绝接受任何奖项，包括1964年的诺贝尔文学奖，理由是他不接受一切官方给予的荣誉。

1980年4月15日，萨特病逝于巴黎，享年74岁。数万群众为他送葬，表达悼念之情，这或许可以看出他的为人。

他的为人，也可以通过他一生最爱的人波伏娃的笔端来加以复盘：

波伏娃被誉为20世纪最伟大的女性思想家之一。在经历了与萨特半个世纪的思想与情感交织后，波伏娃在所著的《告别的仪式》的扉页上写了一句话：写给爱过、爱着和将要爱上萨特的人。

面对满是褥疮的萨特遗体，波伏娃居然想钻进被窝，挨着他躺下。真的也印证了萨特的话：死亡本身不能赋予生命意义，但可以通过他人来实现生命意义的被确定。

他俩都出身于书香门第，都曾是青年哲学才俊，恋爱的经历也颇为传奇：那一年，法国哲学教师资格考试，萨特24岁，波伏娃21岁，萨特考第一，波伏娃考第二。考完试，两个学霸就电光火石般爱上了。

萨特身高1.58米，右眼近乎失明，一脸粉刺。用波伏娃自己的话说就是："萨特有着圆圆的肩膀，嘴唇向下如同石斑鱼，坑坑洼洼的皮肤，一对招风耳，两只眼睛视线不在同一方向：近乎失明的右眼总是向外游离。"

但他们火辣辣地相爱了。他们既想在一起，又不想失去自由，就签订了一份协议，规定两人应当竭力维护彼此的亲密关系，但同时，双方仍然有一定自由，甚至能有其他爱情或性关系，只要彼此坦诚相待，永不隐瞒就好。有效期两年。合约期满，合作愉快，于是自动续约了，一续就是50年！

萨特去世前，在病榻上对波伏娃说：“你真是我的好妻子。”虽然他们并没有婚约，两人也都曾有各自的异性伴侣，但两人依然是最爱对方的。

回到开头，从《禁闭》的故事情节中，萨特告诉我们，人的枷锁往往不是他人套给自己的，而是自己套上去的。

存在主义哲学家认为：存在先于本质。但是存在，比如说软环境是可以改变的，本质也即自己的性格和人格，也是可以不断完善的。

而且，只有当人的选择是自主的，才有真正的主体性和自由。只有自己的自由不限制和影响他人自由的时候，才是真正的自由。也只有自己是自在和自信的，才不会经常把自己拉进臆想的地狱里。

椅子先于我们存在，但我们可以选择坐与不坐，可以另外找椅子；或者，把自己打扮好以后再坐，风景和环境就不一样了，因为我们自己也是风景的一部分啊。

女人，不要对自己的美貌太过自信

女人只要美貌就够了吗？显然不是的。

曾经与几个大学同学聚会，跟着三四个男同学去了一次娱乐场所，是吃好晚饭后去消遣的。一个有点职位的男同学很自律，他也不声响，自己半途开溜了。我因为平时很少过夜生活，心里好奇，同学也难得见面，就傻乎乎地跟着去了。

进入一个包厢，哇，都是十七八岁的超级美女，简直个个都像出水芙蓉似的，娇嫩的皮肤，青春焕发的脸庞，凹凸有致的曼妙身材，看一眼就联想到“秀色可餐”。

于是，一干人很快忙起来了，酒、水果盘铺满茶几。几个美女欢快地倒酒劝酒，很可爱地甩手行酒令，动不动就跟顾客互动一下，根本不觉得有女客在有啥拘束，应该是见怪不怪了。

看着他们清纯的脸，我还劝她们，你们年纪轻轻，这么漂亮，为啥不干点别的？

现在想来，她们一定是收入特别高，每天可以穿戴得美若天仙似的，被男人宠着，自己也很受用吧。但是以后呢，她们年纪大起来后能干什么呢？答案是不言而喻的。

确实，很多女人年轻时觉得自己很有魅力，她们很享受被男人追求、被男人包围的日子和感觉。这其实也包括一些女大学生，她们离开家后，在学校里完全放飞了自己。想想也是，在青春飞扬的日子里，在自己披头散发都美得不要不要的时候，被男同学追着，经常有人送早饭，在宿舍楼下唱情歌，甚至给自己写情书，分享情意绵绵的情歌，似乎自己就是白雪公主，或者就是那个穿了水晶鞋的灰姑娘，于是就乐颠颠的，幸福得像花儿一样。

但是这种日子总不会长久的，人都要老的，容貌是很容易变的。把女性的美貌比作花朵，真的太确切了。因为花无百日红啊，说凋谢就凋谢了。

在大自然中，一场瓢泼大雨，一阵狂风，甚至一双稚嫩的小手，就可以让花朵瞬间就蔫了，就凋零了，就花容失色了。

洁身自爱的女子同样不能对自己的美貌太过自信。假如没有找到爱自己的对象，经常郁闷忧愁，容貌也会说变就变的。

不是吗？一个人哪怕有一天两天没睡好，早上起来都会有点憔悴的。如果经常吵架，或者想吵架却找不到人，或者总是被冷暴力，被爱理不理的，女人的容貌马上就会变得阴沉，变得呆滞，嘴唇两边下挂，一张脸像苦瓜似的。这时候，就更会被嫌弃了。所以任何女人都不能对自己的外貌和魅力太过自信。

最终能够让自己赢得独立和尊重，能从容走过漫漫人生路的，还是要靠自己的勤奋、自己的人品、自己的知识、自己的能力。

容貌只是一张容易褪色的外皮。

灵性的真相

The truth of spirituality

灵性总是关乎精神，关乎内心，关乎心灵，也关乎生命本身。珍爱自己和他人生命，珍爱万物，是最大的修行。

世界是如此奇妙，对我们看不见和不能解释的，我们该保持敬畏。

不可能每一个当下都通向未来，但未来一定缘起于当下。

自由意味着责任

英国文豪萧伯纳说，自由意味着责任，这就是多数人害怕自由的缘故。

看到这句话时怔了一下，一开始没完全想清楚，就搁在心里了。

后来一个人独自待着的时候突然明白了：

自由是挣脱原有的情感和环境，去看新的世界，蹚新的路。原有的庇护、依靠和支撑没有了，一切要靠自己独自探索、独自面对、独自尽责，独自承担一切后果，很可能要独自饮下悔恨愧疚的眼泪。所以并不是轻松、好玩和潇洒的事情。

一个孩子不愿意被父母管束，觉得家里是牢笼，他是囚徒。在很多个不眠之夜后，带上最爱的随身物品，悄悄地离家出走，如果没有迷途知归，他从此是浪迹天涯了，从此没有父母、也没有家的庇护了。

以后，但凡遇到困难挫折，他就只能自个儿解决或承受。一到晚上，看到万家灯火的时候，他的心里是无尽的孤独。他是自己的主人，但是他哪怕再小，也要独自扛起自己的所有责任。

很多人要自由，是奔着爱和理想去的。本着爱而去的，有修成正果的，毕竟不是娜拉的时代了；但也有悔不当初的，毕竟是又重新踏入一段世俗的生活，而不是一起飞到伊甸园去了。本着爱去的这些人就不光要对自己负责，还要对所爱的人负责。

不后悔选择自由的也包括一些年轻的爸爸或妈妈。比如马斯克的母亲，她自己是美丽的模特，后来嫁给了富豪，但富豪对她很苛刻，不允许她“抛头露面”，为此经常家暴她，所以，她一获得法律认可，就净身出户。为了生存和培养好孩子，她最多时打五份工，最终活成自己喜欢的模样，她的孩子也很有出息。

所以自由意味着责任，真的是一点没错。它绝不是我们想象的那样，从此无牵无挂、一身轻松，从此风轻云淡，可以笑傲江湖了。

很多时候，我们都把自由理解偏了。所以能真正扛起自由的大都是有一身盔甲、“武功”高强的人，是有责任感、使命感的人。他们摆脱的也是真的不适合自己的环境和生活，大都是真的“认识自己”和想清楚以后才做的决定，否则必然因担不起责任而悔恨。

如果对自由的理解只是像小孩子玩过家家一样，想要在放学后去放一会风筝，想要离开爸妈的视线偷吃一些点心，或者纯粹是幻想过一段鲁滨孙式的漂流的日子，然后就想回家了，那就大错特错了。很多人只有在自由后才知道，自由其实不是那么好玩的。自由意味着责任，一点没错。

人生四个关键词的排序

决定人生幸福的有四个关键词：爱、责任、梦想、安宁。

爱（广义的，包括性爱、亲子之爱、友爱，也包括博爱）是基础。没有爱，活着不快乐，甚至无意义，也无价值。

梦想总是与事业有关，是属于价值实现的范畴。

责任，看起来很令人讨厌，但它是人之为人，人区别于其他动物的作为灵长类特别在意的（因为很多动物也有或多或少的责任意识，比如母爱与父爱）一种意识。

责任与爱、与梦想有时是会有冲突的，这时可能需要牺牲一些小爱，牺牲一些梦想。

为什么？为什么竟然可以为责任牺牲爱和梦想？那是为了安宁！

如果心里不安宁，哪怕似乎有很多爱，哪怕实现了梦想，也是不幸福的。心里有忐忑，心里有愧疚，那最终是会身心受损的。

人人都向往和追求美好的爱情，它带给人圣洁、幸福的感觉。但爱情有时太伤人，没有了距离，很可能“见光死”，而且人太脆弱，就像李清照笔下的“双溪蚱蜢舟”，“载不动许多愁”。

责任是一个牢笼，是牵引风筝的线。人生最终是戴着镣铐跳舞的，不可能没有制约，因为人是精神动物。精神上的安宁对人来说是第一需要，也是终极需要。

安宁是肉身更是心灵所需要的。心安宁了，才有健康，才有智慧，生活才能有序、和谐，哪怕看起来平淡无奇。所以，相比内心安宁来说，梦想也只是一个手段。

当下即永恒

说到人生的意义，忽略永恒性似乎特别重要。

因为不仅人都会死亡，而且地球最终会消亡，人类文明也将随之灰飞烟灭，就连我们栖居其中的宇宙也终有毁灭的一天。那么，我们孜孜以求地耕耘、研究、奋斗有何意义？假如不能如马斯克所期望的那样，带着人类文明成果翱翔在星际的话？假如宇宙的终极命运也是毁灭的话？

存在主义哲学家都认为人生无意义，但他们同时又认定人可以有所作为。这个作为就蕴含了当下性。

其实，任何意义如果与永恒不变扯在一起，就有点虚妄了。因为永恒不变本身就是虚妄的，而当下本身则可能具有永恒的意义。

试想，地球假如还有50亿年的生命，我们人类在这50亿年中依靠一代代人的接力，努力把地球的环境保护好，努力把人类的生存环境包括看得见和看不见的环境都尽量维护好甚至能不断改良，让50亿年中的每一代人都能尽量活得开心、活得有意义，能不辜负自己的一生，并惠及子孙后代，那么我们的所有努力就不是白费的。那么，在地球消亡的那一天，我们曾经生活在这个地球上的每一个人、每一代人都是值得欣慰和骄傲的。这就是我们当下努力作为的意义所在。

我们无从左右地球、太阳系和宇宙的历史与命运，但是我们可以左右我们自己的历史和命运。

比如你给长途跋涉、饥寒交迫的人拿一些面包和水，是有意义的；你生养一个孩子，一把屎一把尿地努力把他抚养大，看着他会笑、会说、会走路、会看书，让他成为他自己想成为的同时对社会有用的人，是有意义的；你感恩父母并悉心关照，哪怕仅仅是顺便带一点水果和打折产品给父母，或者打个电话提醒一下说，“妈，你要多锻炼，不要偷懒”，“爸，天气凉了，出门要戴好帽子”，是有意义的。

像马斯克那样铁了心要创造出有益于人类生存和延续的产品，让全人类共享其发明创造，那是有很大意义的。

无数的短期延展成长期，无数的今天铺成了明天，所以每一个人从今天起，每天都有好的动念和开始，那就一定会有好的未来。

正如不相信上帝、不相信上帝会把一切都安排好的无神论者欧文·亚隆所说：永恒的时态是当下，而不是未来。

荣格也说过，人生存在的唯一目的，是在纯粹的自在的黑暗中点亮一盏灯。点亮了，当下就永恒了。

人很少没有精神疾患的

人的一生其实很少没有精神疾患的，只是自己不自觉罢了。

人脑是最复杂最精密的组织，人要面对的事如此纷繁，人际关系又如此复杂，作为信息处理器的人脑难免出状况。人脑是精神的载体，人脑出了状况，精神自然会患疾。

比如人人希求成功富足、快乐幸福，人人都希望自主，获得自尊和个人价值，这些都不是轻而易举能实现的，更不是一劳永逸的，所以人不可能总是如意，因此，在精神上就会有受挫感。绝大多数疾病都是内在精神出问题了。

英国牛津大学研究人员指出，与情绪有关的疾病，目前已达到200多种，而70%以上的人还会遭受到情绪对身体器官的“攻击”。不同的情绪对应着不同的身体疾病。比如恐惧、内疚引发关节炎；压抑导致哮喘；经常愤怒的人容易有口臭，易产生脓肿；恐惧会引发晕车和痛经，等等。

纠结和冲突也会导致精神疾患，比如对当前的工作和现状内心有排斥，但又不知道怎么办，毕竟找新的工作、确立新的奋斗方向、转行不是那么容易的。一个人如果长期纠结、焦虑，长期找不到方向或看不到希望，自然就会生病了。

“疾”是病字头下面一个“矢”，“矢”就是箭头，“疾”的意思是没有方向了，找不到出路，失去了希望；或者很纠结，不知道走哪条路。

很多时候，我们只感觉自己有烦恼，烦躁、焦虑，但不知道其实是自己精神出问题了，轻度抑郁了。在国外，明智的人、经济条件许可的人就会去做心理咨询了。一些很坚强很内向的人往往拖到不能再拖了，无法好好生活了，才去做心理治疗。

有时自己其实也基本认可现状，只是缺乏调节；或者自己其实也隐约知道问题的症结，但如隐藏在雾中，若隐若现，那就需要旁人、清醒的第三者比如心理医生帮助指点。

做心理咨询，其实就以下几个作用和结果：

一是得到释放，把闷在心里的苦倒出来了，因为很多人觉得只有跟医生讲是不害羞和必须的。有些内向的还是不习惯诉说，甚至习惯性地藏匿和撒谎，那就要靠医生引导。很多痛苦一旦倾诉出来，就已经好了大半甚至全部，自己都知道其实没有大的问题。

再是得到心理抚慰。好医生总是充满同理心和怜悯心，被医生表达真挚的同情和理解后，病就基本好了。以后几次再去看病，其实就是像见好朋友甚至见知己一样，知道自己被对方理解、可以得到宽恕甚至被对方喜欢，病就好了。

也有的是想重新找到爱。弗洛伊德就说，有些病人其实就是有这种隐秘的念头，然后找到心理医生，有些人在得到理解和宽慰后就爱上了心理医生。

第三是找到痛苦的根源并得到一些免除痛苦、重新做人的指点。亚隆医生就曾推荐病人读《沉思录》等，唤醒心底本就有的爱和责任，使病人少了很多纠结和徘徊。知道自己该怎么做，然后患者的人际关系变温暖了，其精神疾患就慢慢消失了。

有的治疗会持续一年甚至好多年，但是超过一年，好的心理医生就会把患者介绍给别的医生。实际上他知道两个人并没多少缘分，一年都治不好，对自己来说一定是难啃的骨头了，为病人着想，也应该转而求助于其他医生了。

一把钥匙开一把锁，人与人之间是有密码的。这不是一对一的，而是某一类人会特别有吸引力，特别容易产生共鸣和理解。

亚隆就承认曾经爱上患者，但他因为自律和有一个很相爱的精神伴侣型的妻子，所以没有出格行为。还有一个同行也是在感到自己爱上患者后，怕危害到家庭，请求患者不要再找自己看病了。

曾有一个修女来找亚隆治疗。她德行高尚、聪明能干，内心对基督充满崇敬，信仰坚定。她找过其他心理医生治疗，但效果不好，转而被介绍给亚隆。她自诉因为行政职务越来越高，杂事繁多，经常没有时间做清晨的冥想，却深感对同事间的排斥倾轧的愤怒已经玷污了自己的灵魂。她还袒露对年轻美貌的修女有嫉妒。

原来，她的内心深处一直有对自己失去的人生享受的遗憾，却又丢掉了信仰带给她的内在喜悦。所以她的生活完全失去了乐趣和盼头，失去了生存价值感，甚至对自己信仰的宗教都产生了一些质疑。

她十分信任亚隆医生，连私人日记都带到了会谈中。当她读到日记里写的因为放弃的东西（婚姻、性生活和母亲身份）而感到悲伤的时候，忍不住放声大哭。

亚隆想到自己与妻子和孩子之间的宝贵亲情，感到深切的同情。可以想象，他的目光流露出对修女强烈的共情和悲悯，于是修女的病就好了一半。

修女很快振作起来，并且对亚隆说，其实她的内心因为生活中耶稣的存在而表示感谢，这说明她的宗教信仰能带给她克服自己人生遗憾的勇气和支撑幸福生活的信念。她渴望每天清晨与耶稣对话，这从她十来岁当修女的时候开始，就给她带来力量和安慰。但因为太忙了，行政上的事务让清晨的祷告和冥想变得太难，她很怀念它们。

问题找到了，解决办法其实她自己也多少知道点。亚隆让她下决心恢复清晨的冥想，然后一切都好了。

人有时只要能找到可以倾诉并同情自己的人，心里的阴霾就似乎一下子驱散了。美国的心理医生就经常在繁忙的工作之余，用打牌来调节紧张的情绪和神经，并且每周抽出一两个小时与10多个医生同道一起互相倾诉、互相治愈。亚隆自己就参加了两个这样的团队，有一个一直持续了20多年，他认为这对他的精神调节非常有帮助。

在国内，很多人还不习惯找心理医生，似乎是难以启齿的事情。女性往往通过向闺蜜和最信任的亲人诉苦得到缓解。男性则会自闭一点，尤其是好强的男性、成功人士更容易积累压力和抑郁，自己却一点都不知道。他们只知道自己有高血压、高血脂和高血糖，甚至心脏病、肿瘤等，不知道其实这些主要是由心理疾患引起。在四种血型中，A型血的往往比较注重隐私，他们的隐私边界特别广，觉得很多事情都不应该与外人说，所以总是自己一个人憋着。这样他们往往很容易失眠和自闭，要特别注意向好友倾诉和宣泄自己。

如果抑郁有点严重了，就要重新审视自己的人生，审视自己内心的渴望，通过看书、旅游、冥想、打坐、深度交谈等，重新彻底认识自己，搞清楚环境的状态，揪出自己内在的纠结和迷失。必要时需要做出一些改变，包括重拾自己的梦想并付诸实施等。

至于解决人际关系方面的烦闷，则主要从改变自己开始。如果改变自己也适应不了环境，那可能是真的需要改变环境了。很多时候，只要改变自己就行了，因为自己本身就是最主要的环境，或者说是环境的主要变量。

既然来了
——从叔本华说起

叔本华说，走到人生尽头，如果一个人足够真诚，并且足够理智，他是不会想要再来一趟的。若非如此不可，他会宁愿选择彻底的不存在。

叔本华的话应该不足为凭吧，因为他是哲学家中最悲观的。哲学家们大都很长寿，一定也是愿意长寿的。

不禁问自己，我会怎么想，会要再来一趟吗？不知道。真的不知道。

不管人生是苦是甜，有意义无意义，既然来了，就好好过，珍视人生的这唯一一次，好好活。

叔本华之所以那么厌世，是有其特殊原因的：

他一生衣食无忧，17岁就继承了父亲的财产，实现了财富自由，可以不依靠和不在乎任何人，也不需要去谋生，所以按自己的喜好，一生学习、思考和写作。似乎很幸福了，但其实不是，看他愤世嫉俗、怒发冲冠的样子就知道了。

叔本华父亲天性忧郁，正当壮年就跳河自杀了。父亲去世后不久，从寄宿学校回家的叔本华看到家里人去楼空，母亲只留给他一张字条：

我和你妹妹去魏玛了，不要来找我们。即使你有机会去魏玛城，也请自己找地方安顿。

母亲不想看到叔本华那张苦脸，以免想起他父亲。而且她以为反正他不缺钱，也就没必要照顾他了。母亲热衷于写作，她的书还真的很畅销。她爱情至上，其实从小就把叔本华遗弃了，扔给了一个又一个保姆。所以富有的叔本华是个从小就没有父爱也没有母爱的可怜人。

难怪他一生都无法摆脱郁闷、愤恨，又那么痛恨女人，那么不喜欢人生。他的人生观有点像佛教徒，他的哲学被称为“西方的佛学”。

尽管因为家庭原因，因为从小缺失父爱和母爱，他不到30岁的年纪，就看透了世间世事人生，属于年少而老成，但他在缺爱、也没人管束的情况下，没有走弯路和闯大祸，也算很自律了。

他在孤独中孜孜以求地从事学术研究，25岁就已经出版好几部学术专著，并因此获得博士学位。但他整整沉寂了30年，其间连批评他的人也没有。

临终前十年，叔本华忽然时来运转，被世人追捧，70岁时成为名噪全欧、誉满天下的巨匠。比起那些去世很多年才浮出水面的伟人，他要幸运多了，临终时也应该是欣慰的。

令人惊叹的是，他不仅精通哲学，还涉足医学、物理学、植物学、天文学、气象学、心理学、法律学、数学、历史、音乐等学术领域。而且并不是简简单单的涉猎，而是对每个领域都有独到的见解。

他对身外之物的看法真的与释迦牟尼相似：

如果一个人的精神、个性所带来的乐趣能够给他带来足够而神奇的精神享受，那么其他一切对他来说都是多余，甚至是一种烦恼和累赘。一个精神丰富的人可以在一粒沙中看到一个世界，自得其乐。

叔本华还说，对于财富，我们要保管、处理、投资、获取收益，这产生了许多不可避免的操劳，打扰了我们舒适悠闲的生活。对于个人来说，幸福的确比财富更为重要，可是常人却费尽心机去追求财富。因此，我们看到，忙碌的人们不眠不休，从早到晚都算计着怎样多挣钱，为财富奔波不止。

他说，维持身体健康的良方无非是避免纵欲，避免剧烈的情绪波动以及神经长时间高度紧张。每天至少在户外活动两个小时，勤洗冷水浴，饮食有节。反之，身体就无法保持良好的健康的状态。看一个人，或许英俊、年轻、富有，备受人们尊重，但要判断这个人是否幸福，我们只需问这个人是否愉快。如果愉快，其他并不重要，不论贫富贵贱、强壮衰弱，这些没有意义，因为他幸福。

从叔本华很直白的话中不难看出，他认为生活节制、身体健康就是幸福。但少了一样东西，那就是阿德勒说的“他者贡献”。如果他能清醒地意识到“他者贡献”可以给自己带来快乐，他应该会快乐很多，也一定会帅气很多。

对于爱情和婚姻，他认为爱情的狂喜是荷尔蒙带来的迷茫和幻觉；长久的婚姻需要友情的加持，而不再需要爱情。

他说：婚姻本来就是维持种族的特别安排，只要达成生殖的目的，造化便不再惦念婴儿的双亲是“永浴爱河”，还是只有一日之欢而已。

读来真的有点悲凉，可见父母亲失败的婚姻对他的影响有多大。

荣格亲历的超自然现象

荣格曾任国际心理分析学会会长，可见其江湖地位。他曾说过一段很怪异的往事：

有一天晚上，他做了一个梦。梦里，一个陌生的女人向他倾诉病况。他一边听一边想，怎么回事，我一点都不了解她，忽然脑子里出现一个念头：这个病人有恋父情结。

第二天下午四点，约了一个新病人，是非常漂亮、聪明的年轻犹太女子，她的父亲是个非常富有的银行家。在找荣格做心理治疗以前，她看过另外的心理医生，可是这个医生爱上了她。医生为了保住自己的婚姻，要求她不要再找自己治疗了。

这个相当西化的犹太女子深受焦虑性神经症困扰，上次的治疗加重了她的病情。荣格忽然出现这样的想法：她就是我梦到的女孩。

但是，他发现女孩没有恋父情结。后来问她祖父的情况，她说，别人都说祖父是个圣人，透视力也异于常人。但是，她的父亲背叛了犹太教的信仰，背叛了上帝，这使她十分惊讶和害怕，因此患上了神经衰弱。

当天晚上，荣格做了个奇怪的梦，梦到雨下得很大。这个女孩走到荣格面前，问他有没有雨伞，结果他找到一把雨伞，并跪在地上，像朝见女神一样把伞献给了女孩。

他把这个梦告诉女孩，一个星期后，她的病就好了。荣格认为这个梦揭示了这样一个事实：这个女人不是个肤浅的小女孩，她是“上帝之子”，她的命运是完成神的旨意，但是在她意识的层次里，都是以物质享受和男女关系为导向的，她本质里的精神特质没有得到发挥。为了治疗她，必须唤醒她内在的神性和宗教本质，帮助她找回生命的真谛。

荣格说，他的大部分病人都是失去信仰的人。

荣格还亲历了另一个超自然的心理感应现象：他有一个病人，患的是心理沮丧症，病愈后结了婚。荣格第一次看见病人妻子的时候就没有好感。而他的病人对荣格非常感激，其妻子对此很嫉妒。

荣格发现，夫妻关系欠佳的妻子，常常因嫉妒而破坏丈夫与他朋友的情谊。那位病人的妻子很反感丈夫与荣格的情谊，这使他在婚后一年再度陷入了沮丧。想到他妻子的态度可能会导致他病发，荣格对那男子说，如果病发了，要立刻联系自己。但是可能被患者的妻子阻止，他们失去了联络。

有天晚上，在所住的旅馆，荣格和几位同事聊了一会儿，大约两点钟，他都没有睡着，也可能刚入睡就被惊醒了。他觉得好像有人急切地打开房门，来到了他的房间。容格开了灯，看了看房间和走廊，却什么也没有发现。忽然，他感觉有人往他的额头揍了一拳，接着又敲了他的头盖骨。

第二天，荣格接到一份报告，那个病人举枪自尽了，子弹正好穿过了他的头盖骨。那个男子可能心里非常渴望求助于荣格，或许他临终前，其灵魂来到了荣格的住所。

所以，很多事情以人类现在的认知，真的难以理解，还是留待科学去解释吧。

心怀庄严

虽然因为母亲的缘故，小时候也接触过佛经，但其实对佛教一直不理解，甚至有抵触：

一是对拜佛求佛有点不理解。觉得既然佛要普度众生，为什么弃贫爱富，保佑有求于他而供奉他的人。他应该保佑好人啊，不管有钱没钱、有求没求。

二是有些出家人和信佛的居士，为人处世不符合佛法的要求，觉得有虚假甚至有伪善的成分。

三是对放下屠刀、立地成佛不理解，觉得坏人做坏事，咋能一信佛，就变成好人，就可以脱胎换骨？

看了《金刚经》才知道，自己完全误解了。因为佛祖的初心，完全不是我臆想的那样，也不是个别假佛教徒所展现的那样，佛祖的境界还是很高的。

可以说，释迦牟尼成道以后，就没有自我了，心里只装着受世间诸多疾苦的众生。只想着去救度，去努力灭除众生的妄念，去唤醒他们心中的善。

他认为只需要唤醒，因为每个人本就拥有善念，只是蒙了尘而已。

他心里只想着解除众生之苦，从来不在意信徒是否供奉和供奉多少，他已经对物质享受毫不在意了。他认为不应迷恋包括色、声、音、触等身体上的享受，粗茶淡饭足矣。他说，你即使供奉像泥沙那么多的大千世界的最宝贵的财富，也没有修习和传播《金刚经》好。

他心里根本没有自我，他是把自我看作名相，是要彻底破除的。佛说，菩萨如果觉得自己有功德，那就有分别心了，是有“人相、我相、众生相”了。

他告诫大众对佛法也不要执着，以为诸法非法，所以他也完全弃绝对他和所有菩萨的个人崇拜。他说，菩萨不受福德。因为一切法无我。这就断了计较得失之心，不再存因度化他人而有功德之心。

现在才知道，小时候我母亲叫我抄写《金刚经》，是因为《金刚经》上写了，抄写和传诵《金刚经》是做功德，对自己和家人都是积德。但是母亲和当时才读小学的我其实都不理解佛经的深意和佛祖的本意。

很多人信佛、学佛，学来学去还是烦恼不断，因为没有学到根本，甚至学歪了。供佛和礼佛，也只想得到多一些，甚至升官发财，而不是努力学习平等心、清净心，变贪嗔痴为戒定慧。

佛说，如来，即无所从来，也无所从去。法身突破了时间和空间这两个假象，无时不在，无处不在。

也因此，只要一个人真的能痛改前非，确实可以立地成佛的。万物唯心，心念一转，一个人真的就脱胎换骨了，因为佛就在信奉者心中。

那为什么还要进寺院，还要去拜菩萨？那应该是为了表示对佛祖和真正的佛教徒（毕竟是占绝大多数的）的敬爱。其实，在家里供奉也一样能表达崇敬；不进寺院、不供奉，但行好事，也一样可以是心里装了佛祖的。

但如果去寺院，则不管寺院大小，不妨捐助一点以表恭敬。

水，至柔也至坚

水是生命的源泉，有水就有了生命，有动物，有植物，和各种各样的微生物，于是有了蹦跳奔跑，有了摇曳生姿，有了花枝招展，有了春回大地和永恒的希望。

水是变化的、动的，从不会固守一种姿态。古时中国就有“易经”，而不曾有“不易经”。天底下没有不变的戒律，也没有不可更改的“天条”。

水知道，流水不腐。“问渠那得清如许？为有源头活水来。”

水知道，变是永恒的，不变是相对的，是有条件的。变就是生命的永动机，所以求变就是求生，这就是水的永恒的箴言。

水往低处流。水总是俯身处下，从不高高在上。但不管它去往哪里，所到之处就一片生机，一片欢欣，一片爱的呢喃声。

水随遇而安，遇到高山就绕道而走。它不急不躁，可以绕着整座大山缓缓流过，哪怕需要流淌十天半个月。它知道，最终一定会绕过去的。

遭遇陡峭的悬崖，它也不会回头，它奋不顾身地奔流而下，“哗”的一声，水花飞溅，像粉身碎骨的样子，但是它依然活蹦乱跳。它知道，生命本来就该是这样的。

到了平地上，它就放松地舒展开来，缓缓地像是伸展自己的双臂，仰天而笑。没风的时候，它铺就一块硕大的镜子，映照着蓝天白云、婆娑树影和浩渺星空下的寂寂月影，似乎把它们都一一拥入自己宽大温柔的怀抱。

它哪怕遇到千难万险，都不会改变自己的行程，只要有缝隙，只要有一个口子，它就会告别哪怕是风景迤逦的鸟语花香的美好所在，继续前行。

因为，因为它的家在大海。

偶遇从远古走来的年轻人

有一个春天的清晨，早起去西湖边拍照，偶遇一年轻人拿着风筝在湖边走来走去闲逛，觉得稀罕：一般都是七老八十的人才会早起去弄这玩意儿。于是与他搭腔：没看到你把风筝放上天呢。

他有些不悦：你看到有风吗？真的没有耶！我哑口无语。风筝上天也得借风力啊。

在白堤上边走边聊，太阳暖暖地照着。九点之前，西湖边逢节假日也不会有很多人。

我以为他不求名利，也不求上进，就是一个普通的特别想通的年轻人而已。但不聊不知道，一聊吓一跳。

职高毕业的他，28岁，已经工作十年。以下是他的原话：

现在大学毕业的，很多还不如职高毕业的有一技之长（虽然有点狂，但够自信）。

他还说，人生三件事：生存、身体、心。很多人只关心生存，把另两件忘在脑后。

听得我耳朵都竖起来了，这是哲学家说的话呀，哪像一个职高生说的？现代人真的为了生存，经常不把健康当回事，不是说“上半生为了赚钱把命搭进去，后半生为了治病把所有赚的钱都搭进去”吗？

至于心，不少人早就把它丢到爪哇国了，觉得它不能吃不能用，很碍事的，特嫌弃。似乎没有“心”更好，更可“奋勇向前”。

小伙子真的看得挺透彻，人还挺正的，对一些不入眼的人和事有点深恶痛绝。而且知道身体是革命本钱，很知道保住根本，不舍本求末。这种理念已经接近“道”，完全超出他的年龄了。

他看我听得认真，频频点赞，就一路说嗨了：不知他人苦，莫劝他人善。更让我几乎大惊失色。

他又说，人从世俗来，必从世俗去，但一定要有自己的精神追求和世界。这更让我对他刮目相看，几乎是崇拜了。

他还说：人生于磨难，死于安逸，人最不能贪图安逸；蛰伏着，机会来的时候就要破局；有的人年纪很大了才创业，也取得了成功。如果没机会，就只能和局。但谁知道哪天机会来了呢？

小伙子身材中等，但腰杆笔挺；单眼皮，看人时，平静的眼神里射出一道英气和狠劲。

无风也无喧闹的清晨，在西湖边，我，一个好歹硕士研究生毕业、最喜欢琢磨和写作人生哲理、年近六十、经历过不少风雨的白发老太，与一个手里拿着风筝的28岁的职高毕业的小伙子一路聊着——其实是我一路听他讲人生哲理，从锦带桥沿着白堤到断桥，过桥后右转，一直到六公园分手，感觉好像是碰到了从远古走来的胸前须髯飘飘的先贤哲人一样。

恍若隔世……

不久后，我买了一本《善的脆弱性》，厚厚的像砖头。作者是当今极富影响力的美国女哲人，她在书中列举了人的十项核心能力。看完后，我把能力归纳为三类：生命和身体健康；身心和思维（包括友好关系和玩耍）；工作与事业。

忽然想起白堤上那个职高毕业的28岁的男孩子说的人生三要素：生存、身体、心，惊讶地发现，他通过很简单浅白的三个词汇，已经无限地接近当今享誉全球的女哲学家经过十几年甚至几十年人生经历及苦思竭虑后得到的经院性的论述。又联想到文学系毕业的萨古鲁几乎从不引经据典、浅显易懂但却直叩人心的张口即来的言谈，突然感悟到：深奥与浅显、伟大与渺小，其实就一步之遥，有时甚至殊途同归。

有点震惊。

人类究竟可以走多远?

听施一公如此说：人类历史只有四五十万年，有文字记载的只有5000年。地球只占太阳系的0.05%，而宇宙有2000亿个银河系，每个银河系有2000亿个太阳系。

确实，我们人类是地球的过客，对大自然来说，如同一个小颗粒一样微小，而且生不过百年，我们却试图理解宇宙、认识宇宙，所以注定是曲折而悲壮的，大概是比一只蚂蚁试图理解一个公园的结构和存在的缘起更难吧。

我们自以为知道的，其实只是我们肉眼所看到的东西，这个肉眼是很有局限的，很多显微镜下和望远镜里可以看到的，我们看不到；小蜜蜂和蚂蚁可以感知的，我们人类感知不到。

更不要说充满宇宙的暗物质了，它们无形无踪、无所不在，只是我们看不到，也检测不到。甚至有科学家说，暗物质里可能存在暗生命。

我们自以为知道的，除了自己肉眼所见，还有从教科书和传说中学到、听到的，那也只是前人自以为知道的和肉眼看到的，以及他们自己的很局限甚至很偶然的经历，包括道听途说的东西。

所以，施一公说，我们看到的都是主观的东西，就是客观以某种影像和方式反映在我们很受局限的特殊构造的眼睛里的东西。

我们看到的都只是很片面的一个角落或一个点，甚至是假象。真的是比盲人摸象更片面、更不真实和更不完整了。我们说的“象”是人的眼球构造的一个概念。

这有点像柏拉图的洞穴理论描述的，人类看到的只是自己所处洞穴的外面一片小小的世界在我们背朝洞外而面壁时看到的洞壁上的投影。

或许，在我们生存和被结构的这个维度，我们只需要知道这么多就够了，就好像二维空间的蚂蚁并不需要有立体的空间知识。

所以揣测有外星人的UFO已经攻击和摧毁了不少人类试图探索太空奥秘的飞行器，使之突然失踪失联，无法传回照片，但失踪前显示有类似UFO的飞行物在前方出现。

但有没有这种可能：当人类真的知道更多真相的时候，人类很可能不会像现在这么宁静和淡定了。那咋办？好奇心害死猫啊。

有点骇人的是：2022年的诺贝尔物理学奖颁给了研究量子纠缠的三位物理学家。他们通过科学实验揭示了两个颠覆原有认知的现象：

一是量子像孙悟空一样会分身，会裂变，还会自我干预纠缠。

二是量子可以躲避和干扰人类眼睛所见，就像会玩捉迷藏一样。实验结果告诉我们，人类眼睛看到的是不完整的。这是最不可思议的，但却似乎可以解释很多我们原来根本无法解释的不可思议的现象。

据说，量子的速度太快了，至少是光速的1万倍。是否因此它可以从容地、妥妥地决定给人类的眼睛看什么、看哪一部分、什么时候看？

或许，人类注定只能掀开宇宙冰山的一角，不可能知道全部真相，我们最现实的任务就是对宇宙心存敬畏地过好此生。但不要太执迷于自己狭隘的见解和判断，保持开放性和探索精神，应该是我们灵长类动物的终身目标和生存意义。

后记

Postscript

文字是能治病的

对鲁迅弃医从文，曾经有些不理解，后来越想越对。

一个医生，能治疗的人是有限的，看他文章的人则无数，从而让众多人知道那个时代真实的样子和普遍的人性，以及人应该有的内心的一些坚守。

真诚的文字，是有疗愈作用的，包括疗愈自己。这也是自己一直坚持写作的主要原因。

人的快乐和幸福与否主要看心态，心态好不好与天生的性格有关，也与经历过的事、读过的书、走过的路有密切关系。到了花甲之年，才明白，阳光灿烂、月光朦胧是人世间；时而暴风骤雨，时而淅沥小雨，甚至一整个烂冬或连续十多天不见太阳的抑郁的梅雨季节，也是人世间，都是真实的人生。

于是，慢慢知道，对绝大多数人，不能用“好人”或“坏人”去贴标签，也很少有特别好和特别坏的。

而且很多人自以为很悲惨，或者自以为很倒霉，其实人生不如意事常八九，几乎古今中外都一样。

我们以为结婚、生孩子一定好或者不好，也不是的。但如果有了后代，一定要负起责任来。如果在他小时候，你不灌输给他好的人生观、价值观，他以后可能一生都不受人待见，过得不快乐和不顺畅；而且，他会影响到他人，影响他人的幸福。

尼采在《查拉图特拉斯如是说》中写道：“在一切写出的作品中，我只喜爱一个人用血写成的东西。用血写，你会体会到，血就是精神。”

自己感觉，本书也是用血写就的。本书的美编、著名图书装帧设计师顾页先生在百忙中一篇不落地看完了100多篇文章，包括后来被删掉的。他说“很感动”，“通过文字，能感觉到你写的时候充满真情”，“可能是我这个年龄的人经历过的”。真的很感谢他的共鸣和鼓励。

努力写作，并想在出版后有很多人能看到，真的希望能帮助缓解他人内心的焦虑，更好地化解人生路上必然会有的冲突和矛盾，也希望举目所望皆良善，前后左右都有暖意。

我们来到世上，本来就带着很多与生俱来的无奈和痛苦，包括必然要面对的自我抑制、衰老和死亡。如果还要面对本来可以避免的人为的冷漠和疏离，人活着该是多么的悲凉。

一个人的力量很小，所幸不是一个人，古今中外，有爱心、有使命感的人总是比比皆是，绵延不绝。

曾在世界读书日感叹：世界再怎么变，人的灵魂不会变，书的灵魂不会变。每年都会评出一些好书，有些书是用来收藏和传承的，有些书则是让人共鸣，帮助疗愈的。它们能让我们更好地直面人世间，更爱家人和他人，更爱这个世界。人非草木，都有欲望和冲动，甚至免不了贪嗔痴，所以要经常看看书，让自己静下心来，唤回自己的理性和安宁。

每本书都有自己的命运，把好书广而告之其实也是一种善举。衷心期盼有很多很多的朋友包括不认识的朋友能喜欢这本书并告诉你们的朋友。

最后引用华大集团CEO尹烨在亚布力企业家论坛上的话作为结语：

我们人类基本的神性，就是相信“相信的力量”（信念的力量），纵使不能所有人都穿越星际，这不能妨碍我们集体去仰望星空。我知道生命是一组代码，人这个物种，它的代码当中是有爱的。我们要践行人性的真谛，让爱永续传递。